어디 이런 책 없을까? 인생의 진정한 의미를 확고한 성경적 근거로, 설득력 있는 오늘의 언어로, 따뜻한 가슴으로 알려 주는 책. 이런 책이 있으려면 이러한 능력과 인품을 소유한 사람이 있어야 한다. 신약학자로, 목회자로, 겸손한 인격의 소유자로 이러한 책을 쓸 수 있는 사람을 생각할 때 내 마음에 가장 먼저 떠오르는 사람은 바로 유승원 박사다. 그가 청년 시절부터 이 시대의 문제와 한국 교회의 문제로 고뇌하고 씨름해 오면서 신약학자로서 이러한 문제에 대한 나름의 해답을 논문으로 펼쳤던 것을 이제 목회자의 마음으로, 필부(匹夫)가 읽을 수 있도록 쓴 것이 본서다. 이런 점에서 그는 신약학자이면서 성서에 입각한 조직신학서를 쓴 그루뎀(Wayne A. Grudem) 박사와 비견될 수 있다. 본서를 읽는 독자는 성서의 진리를 오늘의 삶으로 이끄는 진리를 주제별로 맛보게 될 것이다. 교회에서 지성인/비지성인을 막론하고 기독교인에게 기본 진리를 습득하게 하는 교재를 찾는다면, 본서는 최적의 책이다.

- 김동수(평택대학교 신학과 교수, 한국신약학회 회장 역임)

어느 시대나 역사의 격랑과 혼돈 속에서 사람들은 삶의 의미와 목적을 찾아 목말라 했지만, 이제는 역사의 끝에 도달했다는 세계화 시대를 살면서도 분단과 이념의 굴레를 벗어나지 못한 한인들, 백인과 흑인의 갈등이 빚어내는 무서운 북미주 광야에 흩어진 나그네들인 코리언-아메리칸들의 삶의 목마름은 깊고 영혼의 투쟁은 치열하다. 많은 그리스도인 또한 삶의 터전과 토대가 흔들리는 세속 사회 한 복판에서 불안을 떨쳐버리지 못하며 치열한 투쟁의 삶을 살아간다. 이런 가운데 단순하면서도 견고하고 확실하게 선포되는 복음, 케리그마로 척박한 한인 이민 교회의 강단을 새롭게 변화시키는 신앙과 학문이 어우러진 저자의 글은 깊은 곳에서 터져 나오는 생수와 같이 그들을 시원하게 하며 영혼을 만족하게 할 것이다. 참으로 기쁜 소식의 전령이 외치는 승리의 메시지다. 하나님이 창조하신 세상은 아름답고 선하다. 예수 그리스도의 구속적 은혜는 확실하며, 성령의 신생과 변혁의 역동성은 교회와 세상을 새롭게 하시고 부활 승천하신 그리스도는 우주적인 주님이시며 다시 오시는 그 분 안에서 만물이 회복되며 진정 종말론적인 새 하늘과 새 땅에서 영원과 시간이 신비하게 융합되고 우리 몸과 영혼은 그리스도의 부활의 영광에 참여한다. 삼위일체 신학과 건강한 교회론, 믿음과 삶이 하나인 그리스도인의 제자도를 다시 가르쳐 준 저자에게 깊은 감사의 마음을 전하고 싶다.

— 김선배(미국장로교 총회 한인목회 초대 디렉터)

저자는 "천국의 제자된 서기관"(마 13:52)으로 자처합니다. 예수님 말씀대로 천국의 서기관은 곳간에서 새것과 옛 것을 꺼내어 하나님 나라를 설명해 주는 사람입니다. 저자는 탁월한 성서학자로서 창고에 가득한 옛 것들(성경)을 환히 알고 있습니다. 어디에 무엇이 있고 그 쓰임이 무엇인지를 잘 알고 있습니다. 또한 그는 신실한 설교자로서 예리하고 섬세한 눈으로 새것들(현 시대의 상황)을 살핍니다. 그렇게 오늘의 상황에서 하나님 나라 살아내기를 소망하는 사람들에게 신앙의 삶을 안내합니다. 글을 읽으면서 저자의 학문의 깊이와 묵상의 무게를 발견합니다. 한 꼭지 한 꼭지 돈독히 읽고 묵상하면 저자의 길동무가 되어 이 땅에서 천국을 살아 천국을 품게 될 것이라고 확신합니다.

— 김영봉(와싱톤사귐의교회 목사, 전 협성대학교 신약학 교수)

유승원 목사님은 나의 오랜 친구이다. 오래 전 나사렛대학교에서 가르칠 때 함께 책을 지은 공저자이기도 하다. 그때 밤늦게까지 성서와 신학, 한국 교회의 현실에 대해 진지하게 토론하던 학문적 우정의 기억이 참 선연하다. 이후 세월이 많이 흘러 목사님은 미국 디아스포라의 목마른 유랑자로서 그 낯선 땅에서 오랫동안 이민 교회를 돌보며 생의 또 다른 저편을 개척해오셨다. 그 세월 내내 축적된 학문적 수련과 목회적 경륜이 묻어나는 책을 이번에 내게 되어 축하드린다. 이 책은 설교로 읽을 수도 있지만 성서적 수필로 읽어도 유익하고 재미있다. 저자 유 목사님이 인간 - 예수 - 하나님 - 성령 - 그리스도인의 큰 주제로 묶고 엮어서 채워나가는 소주제들의 내용은 한결같이 세상살이와 인간 심연의 무궁무진한 속사연을 품고 있다. 특히 코로나19 사태로 발생한 전대미문의 전 지구적 고통의 현실 앞에서 그는 그것들을 끌어안고 고뇌하고 탄식하며 함께 아파한다. 그러나 그 현실을 넘어설 수 있고, 또 넘어서야 하는 담백한 복음의 권능이 해법으로 제시된다. 그 해법은 몇 가지 당의정처럼 포장된 간단한 교리적 얼개가 아니라 성서학자답게 성서의 말씀을 촘촘히 살피고 조명하여 그 안에 알알이 박힌 보석 같은 메시지를 정교하게 끌어내는 방식으로 제시된다. 이 책은 성서학이라는 학문과 목회적 경륜이 만나고 이 땅에 다양한 모습으로 살아가는 인간들을 품고 사랑하는 사랑이 어우러질 때 어떤 꽃이 피고 어떤 열매가 맺히는지를 보여주는 훌륭한 사례로서 기억할 만하다. 게다가 유 목사님의 교회 사랑의 열정과 가장 낮은 자리에서 치열하게 구원을 갈망하는 디아스포라 실존주의자로서 그 성찰의 내공이 이 책의 곳곳에서 빛을 발한다. 목회자로서 설교한 글들을 모아 책을 내는 것이 무슨 통과 절차처럼 흔해빠진 관행이건만 이 책은 좀 예외적으로 봐주고 싶다. 그만큼 많은 분들이 읽고 이 엄청난 혼란의 시대에 구원의 빛을 찾아가길 간구한다.

— **차정식**(한일장신대학교 교수, 전 한국신약학회 회장)

이 책은 성경신학자로서의 저력과 오랜 목회의 경험에서 우러나온 실천적 지혜가 어우러져 만들어진 멋진 작품이다. 거기에 상큼 발랄한 저자의 필치가 곁들어져 딱딱할 수 있는 기독교 교리가 쉽고 재미있는 읽을거리로 변신했다. 그래서 혼돈의 시대에 살아야 할 분명한 이유와 소망을 발견하게 한다.

— **박영돈**(작은목자들교회 담임목사, 고려신학대학원 교의학 명예교수)

코로나19로 인하여 가속화된 신앙에 대한 도전과 시험! 전 세계적 재난, 팬데믹의 시대를 살아가는 신앙인들이 삶 속에서 '리얼(real)'하게 진리를 살아내는 길을 보여주는 '천국 서기관'의 안내서와 같은 책이다. 이는 탁월한 신약학자이며 가슴 따뜻한 목회자인 저자가 교회의 모순적 현실 앞에서도 결코 하나님 나라를 위한 교회로서의 희망을 버릴 수 없다는 변증이자 호소이기도 하다.

— **임성빈**(전 장로회신학대학교 총장, 기독교 윤리 교수)

시카고 한국일보에 칼럼을 부탁드렸을 때가 생각납니다. 흔쾌히 승락하여 우리 교민들에게 깊은 감동을 주는 글을 써 주셔서 항상 감사합니다. 연재하는 글 속에서 하나님 말씀을 전하려는 진실된 목회자의 열정을 읽을 수 있었습니다. 이제 그 열정이 책으로 발간된 것에 대하여 진심으로 축하를 드리며 많은 사람이 읽어 하나님 나라에 가까워지기를 기도합니다. 성경을 믿는 사람이나 믿지 않는 사람이나, 성경을 읽은 사람이나 읽지 않은 사람이나 제목부터 말씀으로 끌어 들이는 목사님의 필력이 시카고에서 일하고 있다는 것에 대해서도 감사를 표합니다. 산삼을 찾은 심마니가 환호의 기쁨을 큰 소리로 지르듯이 목사님의 글을 읽고 말씀을 찾았다고 소리치며 성경을 읽는 성도가 늘어나고 믿지 않는 사람들이 말씀을 들으러 교회를 찾는 일이 늘어나기를 기대합니다. 목사님의 글을 읽으면서 말씀에 의한 시대의 개혁을 깨우는 역사가 일어날 것이라고 확신합니다. 부디 이번 유승원 목사님의 책으로 인하여 모두가 하나님의 말씀으로 상호 소통하여 바른 믿음의 개혁이 있게 되기를 기도합니다. 감사합니다.

— **김병구**(시카고 한국일보 발행인)

살아야 하는 이유, 희망 고문 아닌 리얼리즘

- 난세를 살아내는 그리스도인 믿음의 리모델링

살아야 하는 이유, 희망 고문 아닌 리얼리즘
– 난세를 살아내는 그리스도인 믿음의 리모델링

2021년 7월 15일 초판 1쇄

지은이 / 유승원
펴낸이 / 이연옥
펴낸곳 / 도서출판 한국성서학
등록 / 1991년 12월 21일 제1-1286호
주소 / 서울 종로구 율곡로 190 여전도회관 1105호
전화 / 02-766-5220
팩스 / 02-744-7046
e-mail/bibleforum@bibleforum.org
http://www.bibleforum.org
총판 / 도서출판 두란노(전화 02-749-1059 /팩스 02-749-3705)
ISBN 979-11-91619-06-5 93230
값 13,000원

Copyright © 2021
by Publishing House Korea Institute of Biblical Studies
Seoul, Korea

살아야 하는 이유, 희망 고문 아닌 리얼리즘

- 난세를 살아내는 그리스도인 믿음의 리모델링

유승원 지음

한국성서학연구소
KOREA INSTITUTE OF BIBLICAL STUDIES

차 례

들어가는 말, 글을 쓰는 이유 11

I. 사람, 도대체 무엇인가? 15
01. 개인의 중요성: 소중하니까 소중하게 살기! 17
02. 영혼으로서의 인간
    : 구성은 2分, 기능은 3分, 그러나 하나 24
03. 사회성: 나와 너 그리고 우리, 그래서 사랑 32
04. 죄인: 그런데, 나 어떡해? 40

II. 예수, 왜 이 땅에서 살았나? 49
05. 인성과 신성
    : 그 흔한 이름 예수, 그 귀한 이름 예수 51
06. 죽음과 부활
    : 이상한 소문, 그리고 날조, 그러나 진실 59
07. 유일성: 독선이 아니라 은혜입니다 67
08. 성품: 온유와 겸손을 선택하시다 76

III. 하나님, 뭐 하시는 분인가? 85
09. 창조주: 좋아하시는 하나님을 위하여 87
10. 거룩: 거룩함은 어렵지 않아요 96

| 11. 사랑: 하나님이 세상을 이처럼 사랑하사 | 106 |
| 12. 하나님 나라: 왜 사냐고 묻거든 … | 115 |

IV. 성령, 나와 무슨 상관이 있나?   125

13. 삼위일체: 삼위일체는 사랑이 만든 신비입니다	127
14. 파라클레토스: 성령의 프로필을 작성해 보다	136
15. 능력과 체험: 성령의 은사와 열매, 그리고 능력	145

V. 그리스도인, 왜 사는가? 어떻게 살아야 하나?   155

16. 믿음: 은혜의 선물을 받는 순종의 손	157
17. 성경과 해석: 특별하지만 어렵지 않은 책	166
18. 그리스도의 몸 　: 교회, 거룩하지만 문제 많은 신비의 공동체	175
19. 예배: 성공적 인생을 위한 고귀한 시간 낭비	184
20. 봉사: 평신도는 없습니다	193
21. 사회: 권력과 그리스도인, 복종과 불복종의 경우	202
22. 윤리: 하나님 사랑과 이웃 사랑의 변증법	211
23. 종말: 종말론자가 현실주의자인 이유	220
24. 인생의 목적: 인생은 창조와 구원과 사랑입니다	229

들어가는 말, 글을 쓰는 이유

터를 다지고 흔들리지 않을 기둥을 다시 세우는
복음의 리모델링을 위하여 …

신종 코로나 바이러스 감염증-19로 인해 전 세계를 예상하지 못했던 거리두기의 소외 상태로 몰아넣었던 팬데믹을 겪으면서 교회와 신앙이 다시 낯 뜨거운 구설수에 오르게 되었습니다. 교회를 비롯한 종교 집단의 감염이 사회를 불안하게 하자 관계 당국자가 '지금은 신앙을 의지할 때가 아니라 과학을 믿어야 할 때'라는 훈계를 노골적으로 내놓아도 신앙을 자처하는 교회가 아무 응수도 하지 못했을 정도로 그리스도인들의 세계관과 삶이 와해되는 고통을 겪어야 했습니다.

우리의 복음은 희망 고문이나 하고 사라지는 그런 미신적 망상이 아닙니다. 예수님이 선포한 하나님 나라는 가장 현실적이며 구체적으로 현재의 모순을 극복하고 확실한 미래를 보장하는 리얼리즘(realism)이라는 것이 확고한 저의 믿음입니다. 그렇기 때문에 하나님과 예수 그리스도, 성령의 역사는 가상적(virtual) 이미지가 아니라 '리얼'(real)한 진리의 실재임을 망실하지 않아야 합니다.

이러한 신앙적 난세에 필요한 것은 철저하게 '기본'으

로 돌아가 터를 든든하게 다지고 흔들리지 않을 기둥을 다시 세우는 일이라고 생각했습니다. 복음 진리의 인테리어를 단정하게 리모델링하여 재건축해야 될 때라는 긴박함을 느끼며 리모델링의 절실함에 이르게 되었습니다. 그 절실함이 미묘한 이 새 시대를 싸워나가야 하는 저로 하여금 예수님 말씀을 기억하게 했습니다.

> 예수께서 이르시되 그러므로 천국의 제자된 서기관마다 마치 새것과 옛것을 그 곳간에서 내오는 집주인과 같으니라(마 13:52).

복음의 선포자요, 해석자로 '하나님 나라 서기관'의 책임을 느낀 저는 옛 진리를 지금 새롭게 하여 교회와 믿음을 견고하게 세우는 그 무엇을 하지 않으면 안 되겠다는 잔잔한 소명감을 품고 저의 '곳간'을 들여다봤습니다.

이 글들은 종교개혁 500주년을 맞았던 2017년에 시작해서 2년간 『생명의 삶』에 연재했던 '크리스천 인생론' 시리즈입니다. 종교개혁은 루터가 1517년 95개 조항을 비텐베르크 대학에 게시한 때를 그 공식적 출범의 기준점으로 삼습니다. 당시 루터의 개혁은 성경의 진리로 되돌아가는 '오직 믿음'(sola fide), '오직 은혜'(sola gratia), '오직 성경'(sola scriptura)의 신앙 회복이었습니다. 지금까지 한국 교회는 그 어느 때보다 '개혁'이 절실했지만, 외치는 '개혁'의 내용이 성경의 본질을 희석시키거나 변질시키는 경우가 적지 않았습니다.

지금 같은 난세(亂世)에는 '바른 교리' 안에 머물러 있어야 합니다. 마치 우리 시대를 미리 알고 있었던 것처럼, 사도 바울은 우리에게 "배우고 확신한 일에 거하라"(딤후 3:14)고 단단히 일러줬습니다. '배우고 확신한 일'은 예수님이 세우신 교회를 통해 우리가 '배운 것'입니다. 이것을 '도그마'(dogma), 즉 교리 또는 교의(敎義)라 합니다. 또한 '확신한 일'은 내게 구원을 가져다준 '복음'을 뜻합니다.

> 내가 복음을 부끄러워하지 아니하노니 이 복음은 모든 믿는 자에게 구원을 주시는 하나님의 능력이 됨이라 … 복음에는 하나님의 의가 나타나서 믿음으로 믿음에 이르게 하나니 기록된바 오직 의인은 믿음으로 말미암아 살리라 함과 같으니라(롬 1:16-17).

바로 이 말씀이 500년 전 종교개혁 신앙의 바탕이며 이유였습니다. 또한 이것이 팬데믹 이후 계속되는 난세 현상에 더욱 절박하기에 옛 것과 새 것을 조화하여 재정리하는 '천국 서기관'의 일을 감히 자처합니다. 이 글들은 메시지의 선포와 묵상을 목적으로 하는 설교적 에세이며, 나 자신의 개인적 결단과 삶의 실천을 지향하는 것이어서 "살아야 하는 이유"를 제목으로 삼았습니다. 그리하여 이 복음이 결코 희망 고문의 허상이 아니라는 점을 분명히 하기에 확실한 '리얼리즘'을 표방하여 강력하게 천명(闡明)하는 것입니다.

믿음은 바라는 것들의 실상이요 보이지 않는 것들의 증거니 선진들이 이로써 증거를 얻었느니라(히 11:1-2).

교회의 믿음을 이 시대를 살아가는 신자들의 눈높이에서 정리하여 전달하기 위해, 보통의 조직신학이 신론(神論, theology)을 앞에 두는 것과 달리 아래로부터의 접근이며 현실 인식의 출발점인 인간론(人間論, anthropology)으로 시작해서 그에 대한 답으로 기독론과 신론, '신앙의 삶' 논리를 펼쳐 나갔습니다. 기본적으로 그리스도인 신앙의 체계를 정리한 것이지만 진부한 학문적 표현에 갇히지 않고 현실감을 지닌 삶의 이야기로 적합성(relevance)을 강화하고자 함이었습니다. 삶의 소명을 살아내야 하는 인간의 실천에 초점 맞춰지기를 희원(希願)하기 때문이기도 합니다. 우리 주님의 성령의 깨우쳐 주심과 감동이 있으리라 믿습니다.

여러 모로 부족한 사람의 출판을 격려하며 힘써 주신 마음의 학형 김동수 교수님, 기꺼이 이런 공간을 허락해 주신 한국성서학연구소 장흥길 소장님, 어려운 때 고군분투하다시피 수고해 주신 라병원 목사님께 고개 숙여 감사를 드립니다. 애초에 이 글들이 나오게끔 연재의 자리를 열어 주셨던 『생명의 삶』 장덕은 편집장님께도 고마운 마음을 전합니다.

I.

사람,
도대체 무엇인가?

01. 개인의 중요성
    : 소중하니까 소중하게 살기!
02. 영혼으로서의 인간
    : 구성은 2分, 기능은 3分, 그러나 하나
03. 사회성
    : 나와 너 그리고 우리, 그래서 사랑
04. 죄인: 그런데, 나 어떡해?

01. 개인의 중요성
소중하니까 소중하게 살기!

세계의 중심은 나?!
한 영혼의 가치
내가 소중한 진짜 이유
나는 정말 소중하니까 …

세계의 중심은 나?!

몇 년 전에 수면 내시경 검사를 한 적이 있습니다. 얕은 잠에 취한 상태에서 입 안으로 긴 내시경이 들어가서 장기 속 사진을 찍고 용종을 잘라 내고 조직 검사용 살을 떼어 냈다고 합니다. 검사가 시행되는 동안 저는 아무것도 모르고 있었습니다. 이렇듯 제가 잠들어 있는 동안에는 저에게 세상은 존재하는 것이 아닙니다!

모든 사물은 내 인식 안에 들어왔을 때 존재한다고 말할 수 있습니다. 인구 74억 명 중 아무도 모르는 사물은 결국 존재하지 않는 것이나 마찬가지며, 아무도 모르는 사건은 발생하지 않은 것과 다를 바 없습니다. 아메리카 대륙은 원래부터 있었지만 1492년 콜럼버스가 신대륙으로 발견하기 전까지는 유럽인들에게 전혀 존재하지 않는 것이었습니다.

철학자 데카르트에게 있어서 가장 확실한 존재는 생각하고 있는 나 자신입니다. 그래서 "나는 생각한다. 그러므로 나는 존재한다"(Cogito ergo sum)가 유명한 말이 되었습니다. 어떤 경우든지 내 인식에 들어왔을 때 그 존재가 의미를 가지며 '사건'이 됩니다. 존재하는 모든 세계의 중심에는 내가 있습니다. 내가 없으면 세계는 존재하지 않습니다. 존재해도 아무 의미가 없기 때문에 세계가 아닙니다. 내가 없어지는 순간에 세계도 같이 없어집니다.

그런 의미에서 이 세상에서 가장 중요한 것은 나 자신입니다. 나 없으면 세상도 없습니다. 내가 존재의 중심에 있습니다. 이기주의를 주창하려는 것이 아닙니다. 하나님이 인간을 그렇게 만드셨습니다. 하나님은 세상 모든 것을 만드시고 좋으셨습니다. 그러고 나서 아담(사람)에게 생물들의 이름을 짓게 하셨습니다(창 2:19-20).

> 여호와 하나님이 흙으로 각종 들짐승과 공중의 각종 새를 지으시고 아담이 무엇이라고 부르나 보시려고 그것들을 그에게로 이끌어 가시니 아담이 각 생물을 부르는 것이 곧 그 이름이 되었더라 아담이 모든 가축과 공중의 새와 들의 모든 짐승에게 이름을 주니라.

생물들은 하나님이 만들어서 존재했지만 아담이 보고 이름을 붙임으로써 존재가 완성되었습니다. 이것이 영혼인 인간과 세계가 존재하는 방식입니다. 우리의 세계는 객관적 실재와 주관적 인식이 결합되어 존재합니다.

하나님은 인간 밖에 세상을 만드셨습니다. 동시에 인간 안에 그 세상을 두셨습니다. 그래서 인간이 우주의 중심입니다. 이는 하나님이 만드신 세계의 존재 방식으로서의 창조 질서입니다. 하나님은 세상의 중심에 나를 두셨습니다. 하나님은 한 영혼을 이렇게 귀하게 만드셨고 그렇게 소중하게 보십니다.

한 영혼의 가치

양 100마리 중 한 마리가 없어졌는데 나머지 99마리를 들에 두고 그 한 마리를 찾아 내기까지 찾아다니다가 찾아내고는 너무나 좋아서 즐거워 메고 돌아와 이웃과 벗을 불러 그 양 한 마리보다 훨씬 더 비용이 들어갈지 모르는 잔치를 벌여 축하합니다.

집에 와서 그 벗과 이웃을 불러 모으고 말하되 나와 함께 즐기자 나의 잃은 양을 찾아내었노라 하리라 내가 너희에게 이르노니 이와 같이 죄인 한 사람이 회개하면 하늘에서는 회개할 것 없는 의인 아흔아홉으로 말미암아 기뻐하는 것보다 더하리라(눅 15:6-7).

그 잃어버린 한 마리를 100마리 중 하나로 보는 것이 아니라 그냥 100마리 전체로 보기 때문에 99마리를 버려두고 찾을 때까지 찾는 것입니다. 하나님은 나를 74억 중의 하나가 아니라 하나밖에 없어 온 세상만큼 귀중한 한 사람으로 보십니다. 74억분의 1만큼만 귀한 것이 아니라 그냥 74억 전체만큼 100퍼센트 존귀합니다. 하나님의 눈에는 한 영혼이 이 세상 전부입니다.

하나님은 사람을 그렇게 만드셨습니다. 내가 없으면 세상도 없습니다. 세상은 존재하지만 내 안에서 존재합니다. 그래서 모든 사회, 모든 나라, 모든 사상은 본능적으로 '인간의 존엄성'을 말하고 그것을 지키려 하고 있습니다. 그렇다면 왜 인간이 그렇게 존엄하고 소중할까요? 그 근거가 뭘까요?

내가 소중한 진짜 이유

인간이 존엄한 이유는 하나님의 특별한 창조에 있습니다.

하나님이 자기 형상 곧 하나님의 형상대로 사람을 창조하시되 남자와 여자를 창조하시고(창 1:27).

사람이 무엇이기에 주께서 그를 생각하시며 인자가 무엇이기에 주께서 그를 돌보시나이까 그를 하나님보다 조금 못하게 하시고 영화와 존귀로 관을 씌우셨나이다(시 8:4-5).

하나님이 인간을 자기 형상대로 만드시고 영화와 존귀로 관을 씌워 주셨기 때문에 인간이 그렇게 소중한 것입니다.

사람이 왜 이렇게 귀한가요? 내 자식이 왜 그렇게 귀한지 생각해 보면 됩니다. 내게서 나왔기 때문입니다. 내 DNA를 갖고 있어 친자 확인을 해 보면 99.9% 일치가 나오기 때문입니다. 존재하는 모든 것을 창조하신 하나님이 그분의 특별한 DNA, 즉 하나님의 형상을 오직 사람에게만 두셨습니다. 그래서 피조 세계가 다 귀하지만, 사람이 특별하게 존엄하고 귀중합니다. 하나님이 말씀하십니다. '너희 안에 나 있다!' 지금 여기 있는 나에게 하시는 말씀입니다. '네 안에 나 있다!' 그래서 소중한 것입니다.

사람이 특별히 소중한 이유는 하나님의 사랑에 있습니다. 나는 하나님이 사랑하기 위해 창조하신 하나님의 자식입니다. 내가 사랑하면 그 순간부터 그것이 소중한 것입니다. 때로는 시답잖은 물건이라도 내가 사랑하는 것일 때 소중한 것이 됩니다. 내 자식이 왜 내 목숨을 줄 수 있을 만큼 소중합니까? 간단합니다. 사랑하기 때문입니다. 인간이 소중한 것은 하나님이 사랑하시기 때문입니다. 우리가 아직 죄인일 때도 하나님이 사랑하셔서 소중했고, 그렇게 소중했기 때문에 하나님의 아들이 우리를 위해 대신 죽으신 것입니다(롬 5:8).

나는 정말 소중하니까 …

나는 소중합니다. 하나님이 사랑하셔서 소중합니다. 소중한 것을 알아서 소중하게 취급해야 됩니다. 소중하니까 잘 살펴 소중하게 살아야 합니다. 이 소중한 존재를 소홀하게 여겨 지옥에 던져 버리면 안 됩니다. 우리를 소중하게 여기시기 때문에 하신 간절한 예수님 말씀을 귀담아 들으십시오.

사람이 만일 온 천하를 얻고도 제 목숨을 잃으면 무엇이 유익하리요(마 16:26; 막 8:36).

온 세상보다 더 소중한 영혼, 살려야 합니다. 세상 다른 어떤 일보다 중요한 것은 내가 사는 것입니다.
내가 그렇게 소중하니까 다른 사람이 소중한 것도 압니다. 그 누구라도 우습게 보지 마십시오. 하나님의 귀한 자식을 막 대하거나 괴롭히면 하나님이 그냥 두지 않으십니다. 남녀노

소, 신분 고하에 상관없이 우리는 사람을 목적으로 대합니다. 사람 위에 사람 없고 사람 아래 사람 없습니다. 정치를 하든, 사업을 하든, 목회를 하든, 그 무엇을 하든 사람을 수단으로 생각해서는 안 됩니다. 사람은 목적입니다.

그래서 우리는 사람을 사랑합니다. 가장 큰 계명은 마음을 다하고 목숨을 다하고 뜻을 다하고 힘을 다하여 하나님을 사랑하는 것, 그리고 내 이웃을 소중한 내 몸과 같이 사랑하는 것입니다(마 22:37-40). 이것이 율법과 선지자의 강령입니다. 성경의 모든 것이 사랑이라는 뜻입니다. 그렇게 인생은 사랑입니다.

정리하며 마음에 새기기

(1) 하나님께는 내가 74억 분의 1만큼만 귀한 것이 아니라 그냥 74억 전체만큼 100% 존귀합니다. 하나님의 눈에는 한 영혼이 이 세상 전부입니다.

(2) 나는 소중합니다. 하나님이 사랑하셔서 소중합니다. 소중한 것을 알아서 소중하게 취급해야 합니다. 소중하니까 잘 살펴 소중하게 살아야 합니다.

02. 영혼으로서의 인간
구성은 2分, 기능은 3分, 그러나 하나

인간의 구성, 몸과 영혼
영적인 영역과 혼적인 영역의 구별
일원론, 존재로는 하나
건강한 몸에 건강한 영혼?

알파고와 이세돌의 바둑 대결 이후 직관과 추론의 기능까지 갖춘 인공 지능에 대한 신기함과 두려움이 세계를 떠들썩하게 했습니다. 그렇지만 이세돌 구단이 일곱 살 꼬마를 위해 일부러 져 줄 수도 있는 따뜻한 인간이라면 알파고는 아무것도 모르는 두 살 아이와 대국을 해도 오직 이길 길만 찾는 승부 기계일 뿐입니다. 이세돌은 영혼이지만 알파고는 영혼이 없는 논리 기계입니다.

누가 뭐라 해도 알파고보다는 복잡하게 깊고 오묘한 존재인 인간을 분해해 봅니다. 사람을 영(靈), 혼(魂), 육(肉)으로 표현하는 구절(살전 5:23)이 있어 3분설이 나왔습니다. 반면 성경은 전반적으로는 영혼과 몸만 구분해서 2분설을 말합니다. 그런데 요즘 성서학자들은 몸과 영혼을 하나로 보는 1원론(一元論)을 강력하게 주장합니다. 도대체 어떤 것이 맞을까요? 결론부터 말씀드리면, '구성으로는 2分, 기능으로는 3分, 존재로는 하나'입니다.

인간의 구성, 몸과 영혼

인격체인 인간의 구성을 살펴봅니다. 이를 위해서는 쪼개질 수 있는 것, 즉 분리될 수 있는 것이 무엇인지 생각해 보면 됩니다. 물질로서의 몸과 영혼은 분명히 분리됩니다. 영혼이 떠나면 생명이 중단되고 몸은 그냥 물질에 지나지 않습니다. 즉 영혼과 몸은 분리가 됩니다(창 35:18; 왕상 17:21; 전 12:7;

마 10:28; 눅 24:46; 행 7:59; 약 2:26).

하나님께서 사람을 그렇게 만드셨습니다.

여호와 하나님이 땅의 흙으로 사람을 지으시고 생기를 그 코에 불어 넣으시니 사람이 생령이 되니라(창 2:7, 직역: 여호와 하나님께서 땅[아다마]의 흙으로 사람[아담]을 지으시고 그 코에 생명의 숨[네샤마]을 불어넣으시니 사람이 생명체[내패쉬 하야]가 되었다).

그래서 사람은, '흙 + 하나님의 생명의 숨'으로 이루어졌습니다. 이 사람을 '내패쉬'라고 했습니다. 히브리어 '내패쉬'는 영혼 또는 생명이라는 뜻입니다. 그러니까 사람은 몸과 영혼으로 이루어져 있고 그 본질은 영혼이라는 말씀입니다.

영적인 영역과 혼적인 영역의 구별

그런데 성경에서도 꼭 두 군데에서만 영과 혼을 구분해서 언급합니다.

평강의 하나님이 … 너희의 온 영(프뉴마)과 혼(프쉬케)과 몸이 우리 주 예수 그리스도께서 강림하실 때에 흠 없게 보전되기를 원하노라(살전 5:23).

하나님의 말씀은 … 혼과 영과 및 관절과 골수를 찔러 쪼개기까지 하며 … (히 4:12).

그런데 이것이 정말 분리할 수 있는 구성을 언급한 것일까요? 영혼에서 영만 쏙 뽑아내 혼만 존재할 수 있는 것인가요? 그렇다고 가정하면 혼과 몸만 남을 수도 있다는 것인가요? 또는 혼만 뽑아내고 영과 몸만 남을 수 있을까요? 몸을 없애버리면, 영과 혼만 남나요? 그러면 몸이 썩고 나서 영도 있고 혼도 있는 것이 되겠네요? 조금 이상하지요. 이런 경우는 경험으로도 가능치 않고 성경 어디서도 이렇게 영 따로 혼 따로 나뉜 상태를 언급하지 않습니다.

이것은 구성이 아니라 작용 또는 기능을 이해하기 위한 편의상의 구분입니다. '혼'이라고 한 '프쉬케'는 그냥 일반적으로 영혼을 가리킬 때 사용되었습니다.

> 몸(소마)은 죽여도 영혼(프쉬케)은 능히 죽이지 못하는 자들을 두려워하지 말고 오직 몸과 영혼을 능히 지옥에 멸하실 수 있는 이를 두려워하라(마 10:28).

그런가 하면 예수님께서 돌아가실 때는 영혼을 가리키는 말로 '프뉴마'(영)를 사용했습니다.

> 내 영혼(프뉴마)을 아버지 손에 부탁하나이다 … (눅 24:46; 행 7:59).

그러니까 육체와 분리되는 '영혼'을 언급할 때 '프쉬케'(혼)를 쓰기도 하고 '프뉴마'(영)를 쓰기도 한 것입니다. 그렇다면 영혼은 '프쉬케'적인 특성도 있고 '프뉴마'적인 특성도 있어 그냥 '프쉬케'라 하기도 하고 그냥 '프뉴마'라 하기도 하는 것이지 영 따로 혼 따로 분리되는 것은 아니라는 뜻입니다.

그러면 구분해서 썼을 때 혼을 가리키는 '프쉬케'와 영을 가리키는 '프뉴마'의 뉘앙스 차이는 무엇일까요? 바울은 현재의 인간 몸을 "육의 몸"(프쉬케적인 몸, 혼의 몸)이라 하고 부활의 몸을 "신령한 몸"(프뉴마적인 몸, 영의 몸)이라 지칭했습니다(고전 15:44-49).

> 육의 몸으로 심고 신령한 몸으로 다시 살아나나니 육의 몸이 있은즉 또 영의 몸도 있느니라(σπείρεται σῶμα ψυχικόν, ἐγείρεται σῶμα πνευματικόν. Εἰ ἔστιν σῶμα ψυχικόν, ἔστιν καὶ πνευματικόν., 고전 15:44)

여기서 보면 프쉬케는 현재 몸적인 영혼의 특성이고 프뉴마는 하나님적인 영혼의 특성입니다. 우리가 부활 때에는 완전히 '프뉴마'적인 몸이 되어 혼적인 몸의 특성으로 특징되는 결혼 제도가 없을 것입니다(마 22:30). 그래서 서로 분리할 수는 없지만, 한 영혼에서 혼은 몸과 연결되어 있는 정신적 기능 같은 것이고 영은 하나님과의 관계 영역이라 할 수 있습니다(고전 2:14-15).

일원론, 존재로는 하나

구성으로 보아 인간은 몸과 영혼으로 되어 있고, 인간 존재의 본질은 영혼입니다. 기능적으로는 영과 혼과 육을 말할 수 있습니다. 그럼에도 불구하고 성서학자들이 주장하는 바 일원론, 즉 인간이 존재로서 하나라는 것은 무슨 뜻일까요?

하나님께서 사람을 창조해 두신 이 세상에서 인간이 몸만으로 존재할 수는 없고 또한 영혼만으로도 존재할 수 없다는 말입니다. 영혼이 떠나는 순간 몸은 아무것도 아닙니다. 영혼이 없는 몸은 인간이 아닙니다. 마찬가지로 몸이 기능을 다해 심장이 멎고 뇌가 작동을 하지 않으면 영혼이 떠납니다.

그러니까 몸 없는 영혼은 여기서 하나님께서 만드신 인간 존재가 아닙니다. 하나님 만드신 세상에서 몸 없는 인간이 없고 영혼 없는 인간도 없다는 말입니다. 영혼과 몸이 어떻게 결합되는지 현재의 과학으로는 도무지 설명할 길이 없지만 분명히 하나로 결합되어 있을 때만 생명 있는 사람이 됩니다. 그래서 몸의 부활이 중요합니다. 그런 의미에서 성경은 인간을 일원론적으로 보는 것입니다.

영혼이 중요하다고 해서 몸을 아무 의미 없는 것으로 보는 영지주의자들의 생각은 심각한 이단이었습니다. 성경은 몸이 하는 것을 영혼이 하는 것으로 취급합니다. 몸과 상관없는 영혼은 없습니다. 몸을 더럽혔는데 영혼만 깨끗하게 남아 있을 수는 없습니다. 몸을 더럽히면 영혼이 더러워진 것입니다. 몸과 영혼을 한 존재로 취급하기 때문입니다(고전 6:12-20).

내가 몸에 하는 것이 영혼에 하는 것입니다. 몸에만 영향을 미치고 영혼에 영향을 미치지 않는 행위나 생각이나 삶은 없습니다. 영혼이 없으면 몸은 흙입니다. 그러나 영혼이 있는 몸은 영혼과 뗄 수 없이 하나입니다. 그래서 우리는 몸으로 하나님께 영광을 돌립니다(롬 12:1-2).

그러므로 형제들아 내가 하나님의 모든 자비하심으로 너희를 권하노니 너희 몸을 하나님이 기뻐하시는 거룩한 산 제물로 드리라 이는 너희가 드릴 영적 예배니라 너희는 이 세대를 본받지 말고 오직 마음을 새롭게 함으로 변화를 받아 하나님의 선하시고 기뻐하시고 온전하신 뜻이 무엇인지 분별하도록 하라

건강한 몸에 건강한 영혼?

하나님께서 창조하여 이 땅에 살게 하신 인간은 '구성으로는 2分, 기능으로는 3分, 존재로는 하나'입니다. 그리고 그 인간의 본질은 내패쉬, 즉 영혼입니다. 하나님께서 흙으로 사람을 빚으시고 하나님의 숨을 불어넣어 인간이 되었습니다. 그런데 그 인간을 살아있는 '내패쉬', 즉 영혼으로 정의했습니다. 영혼이 인간의 본질입니다.

본래의 의미가 와전된 명언이 있습니다. "건강한 신체에 건강한 정신!" 로마의 시인 유베날리스(Juvenal)의 풍자시에 나오는 구절인 Mens sana in corpore sano(A sound mind in a sound body)는 운동 열심히 하라고 인용하는 올림픽 정신으로 알려져 있습니다. 몸이 건강해야 정신도 건강해진다는 ….

사실 원래의 뜻은 정 반대입니다. 몸을 가꾸는 것에만 몰두하는 그리스-로마 세계의 몸 숭배주의자들에게 정신도 챙기라고 일침을 놓기 위해 한 말입니다. 몸만 좋으면 뭐하냐? 정신이 썩어 있으니 … , 그러니 몸만 가꾸려 하지 말고 그 건강한 몸에 건강한 영혼부터 챙기라는 호통이었습니다.

맞습니다. 인간은 영혼입니다. 영혼이 떠나가면 몸은 그냥 흙으로 돌아갑니다. 그렇기 때문에 영혼이 살아있으면 마지막 부활 때 지금의 몸과는 근본적으로 다른 영적인 몸을 선물로 받습니다. 핵심은 '내패쉬 하야', 즉 살아 있는 영혼입니다. 요한은 이렇게 축복했습니다.

사랑하는 자여 네 영혼이 잘됨 같이 네가 범사에 잘되고 강건하기를 내가 간구하노라(요삼 1:2).

영혼이 잘 되어야 합니다. 그러면서 범사가 잘 되고 강건하여 온 존재로 하나님께 영광을 돌리는 것이 인생입니다. 귀중한 영혼을 잘 챙기십시오. 요즘 당신의 영혼은 어떤가요?

정리하며 마음에 새기기

(1) 하나님께서 창조하여 이 땅에 살게 하신 인간은 '구성으로는 2分, 기능으로는 3分, 존재로는 하나'입니다. 그리고 그 인간의 본질은 내패쉬, 즉 영혼입니다.

(2) 내가 몸에 하는 것이 영혼에 하는 것입니다. 몸에만 영향을 미치고 영혼에 영향을 미치지 않는 행위나 생각이나 삶은 없습니다.

03. 사회성

나와 너 그리고 우리,
그래서 사랑

인간은 사회적 영혼
인간의 사회성, 하나님의 형상
사회성의 본질 … 사랑!

키에르케고르는 인간을 '신 앞에 선 단독자(單獨者)'라고 했습니다. 사람은 다른 인격체와 섞일 수 없는 유일무이한 영혼입니다. 같은 날 같은 배에서 나오는 똑같이 생긴 쌍둥이라도 '혼자'로 태어납니다. 그 누구를 아무리 위한다 해도 대신 아파줄 수는 없습니다. 대신 살아줄 수 없고 대신 죽을 수도 없습니다. 예수님을 대신 믿어줄 수 없고 하나님의 심판대 앞에 혼자 설 것입니다. 그렇게 인간은 단독자입니다. 그러나 동시에 인간은 혼자서는 결코 인간일 수 없는 단독자입니다.

인간은 사회적 영혼

사람은 혼자 사람이 되지 못합니다. 실종되어 다른 동물들 속에서 길러진 특이한 아이들의 사례를 보면, 말을 못하고 짐승 소리를 내며 손을 사용하지 않고 입으로 날 것을 먹어 짐승처럼 되어 있습니다. 사람으로 났어도 다른 사람들 사는 곳에 있어야 사람이 되는 것이 사람입니다. 개는 사람이 먹여서 사람이 기른다고 해도 여전히 개입니다. 그러나 사람을 개가 기르면 개처럼 되고 사람이 길러야 참 사람이 됩니다. 사람은 사람이 기르지 않으면 '사람됨'에 심각한 결손(缺損)이 발생해 엄밀한 의미에서 사람이 되지 못합니다.

사람이 어디서 태어나든 그곳에는 이미 그 사회에서 앞서 살던 사람들로 인해 형성된 문화가 있습니다. 언어, 관습, 가치, 도덕, 더 나아가서 지식, 놀이, 예술 등이 그의 출생 전에 이미 그를 둘러싸고 있다가 시간이 지나면서 그의 영혼 안으로 들어가 상호 작용을 일으키며 그 사람을 조각합니다. 이러한 인간 형성의 과정을 '사회화'(socialization)라고 하며, 사고로 고립되어 자란 아이들은 사회화를 거치지 않았기 때문에 짐승처럼 된 것입니다.

사람은 철저하게 '단독자'로서의 영혼이지만 다른 사람들이 있어야만 진정한 사람이 되고 관계 속에 있어야만 참 삶이 있는 존재입니다. 그래서 아리스토텔레스는 사람을 폴리스적인 동물이라고 했습니다(ὁ ἄνθρωπος φύσει πολιτικὸν ζῷον). 정확한 관찰입니다. 그러나 인간은 동물 아니고 '사회적 영혼'입니다. 하나님께서 사람을 그렇게 만드셨습니다.

인간의 사회성, 하나님의 형상

하나님이 이르시되 우리의 형상을 따라 우리의 모양대로 우리가 사람을 만들고 그들로 바다의 물고기와 하늘의 새와 가축과 온 땅과 땅에 기는 모든 것을 다스리게 하자 하시고 하나님이 자기 형상 곧 하나님의 형상대로 사람을 창조하시되 남자와 여자를 창조하시고 … (창 1:26-27).

하나님께서 자신을 1인칭 복수인 '우리'로 표현하다가 동시에 단수인 '자기'로도 언급한 점을 주목할 필요가 있습니다. 구약학자들이 기독교의 핵심 교의인 '삼위일체'를 창세기의 첫

장에 대입하는 것을 불편해하면서 다양한 설을 제시하지만, 본문이 담고 있는 하나님의 복수성과 단수성의 공존은 신약에서 명료해지는 '삼위일체' 교의에서처럼 인간 사고의 숫자 논리로는 닿을 수 없는 신비(神祕)입니다. 여기서 분명한 점은 하나님의 본질 안에 '우리'로 표현되는 관계가 내재해 있다는 것입니다.

신약까지 가면 더 분명하게 이해되는 성부, 성자, 성령 하나님의 존재는 이렇게 삼위일체로 '사회적'입니다. 하나님은 양보할 수 없게 한 분이지만(신 6:4; 엡 4:6) 세 신격(神格)으로 존재하십니다. 이것이 우리 하나님의 실체입니다. 하나님은 사랑이십니다(요일 4:8). 그 사랑은 삼위일체 하나님의 내적 관계입니다(요 17:21-22). 하나님은 관계의 형식으로 존재하시는 사회적 신격입니다. 하나님은 사회적이십니다.

> 사랑하지 아니하는 자는 하나님을 알지 못하나니 이는 하나님은 사랑이심이라(요일 4:8).

사회적 존재의 하나님은 자신의 그 형상대로 사람을 창조하셨습니다.

> 하나님이 자기 형상, 곧 하나님의 형상대로 사람을 창조하시되 남자와 여자를 창조하시고 … (27절).

복수로 표현된 하나님께서, 사람을 '남자'와 '여자'의 관계 없이는 의미를 갖지 못하는 사회적 존재로 창조하신 것입니다. 사람은 복수로 만들어졌습니다. 하나님께서 복을 주시되 둘 중의 하나에게, 또는 각자에게 주신 것이 아니라, 함께 "그들에게" 복을 주셨다 합니다(창 1:28). 그리고 그들은 함께 같은 명령을 받습니다.

하나님이 그들에게 복을 주시며 하나님이 그들에게 이르시되 생육하고 번성하여 땅에 충만하라 …

인간은 창조 때부터 같이 살며 같이 일하는 존재입니다. 사람이 혼자 있는 것이 하나님 보시기에 좋지 않았습니다.

여호와 하나님이 이르시되 사람이 혼자 사는 것이 좋지 아니하니 내가 그를 위하여 돕는 배필을 지으리라 하시니라(창 2:18).

창조의 매 단계마다 반복하여 "좋았더라"고 말씀하신(창 1:4, 10, 12, 18, 21, 25, 31) 하나님께서 처음으로 좋지 않다고 하신 것은 홀로 있는 인간의 모습이었습니다. 사회적 영혼이 홀로 있는 것이 사회적이신 하나님의 관점에서 볼 때 좋지 않았습니다.

물론 이것은 남녀 관계에만 적용되는 것이 아닙니다. 하나님은 사회적 존재입니다. 하나님의 형상대로 만들어진 인간도 창조될 때부터 사회적 존재입니다. 하나님의 형상에는 '사회성'이 들어가 있습니다. 그렇기 때문에 인간이 혼자 있는 것은 비정상입니다. 홀로 사는 것은 잘못된 것입니다. 로빈슨 크루소의 상황은 정상이 아닙니다.

결혼하지 않은 독신(獨身)의 삶이 잘못되었다고 말하는 것은 아닙니다. 예수님이나 바울과 같은 분들에게 독신은 사역을 위한 은사입니다(마 19:12; 고전 7:7). 신부님들처럼 독신으로 살아도 항상 타인들과 같이 사는 삶이 있는가 하면 결혼을 했어도 정작 혼자 사는 사람들이 적지 않습니다. 남녀 관계를 말하는 것이 아닙니다. 혼자 살아도 괜찮은 것으로 생각해서 자신만 위하여 또는 소외가 되어 혼자서 사는 것은 창조 질서에 부합하지 않는다는 말씀입니다. 삶으로서의 '외톨이'는 하나님의 뜻이 아닙니다.

두 사람이 한 사람보다 나음은 그들이 수고함으로 좋은 상을 얻을 것임이라. 혹시 그들이 넘어지면 하나가 그 동무를 붙들어 일으키려니와 홀로 있어 넘어지고 붙들어 일으킬 자가 없는 자에게는 화가 있으리라(전 4:9-10).

사회성의 본질 … 사랑!

사람은 사회적으로 창조된 영혼입니다. 관계를 가질 때 사람이고 관계가 있어야 삶입니다. 그러면 하나님께서 기대하시는 인간관계는 무엇일까요? 명약관화 합니다. 싸움과 경쟁이 아닙니다. 사랑입니다. 하나님께서 창조하신 인간 사회성의 본질은 사랑입니다. 사랑이 삶이고 삶은 사랑입니다.

가장 큰 계명은 하나님을 사랑하는 것이고 그 다음 둘째는 이웃을 자신의 몸과 같이 사랑하는 것입니다(마 22:37-

40). 둘째라고는 하지만, 예수님께서 가장 큰 계명의 질문에 대한 답으로 주셨기 때문에 첫째인 하나님 사랑과 떼려야 뗄 수 없게 연결된 둘째입니다. 그래서 '듀테라 데 호모이아'(δευτέρα δὲ ὁμοία, '두 번째 것도 다를 바 없이 같은 것'의 뜻, 〈개역 개정〉 "둘째도 그와 같으니")라 하시면서 이웃 사랑의 계명을 이어 말씀하십니다. 둘째 없는 첫째가 없다는 뜻에서의 둘째입니다. 사람의 삶인 사랑은 다른 사람을 사랑하는 이웃 사랑입니다. 사람은 사회적 영혼이기에 사랑하고 사랑받을 때 참 사람입니다.

하나님께서 세 신격이나 하나이심으로 사랑이듯이, 하나님 형상대로 만들어진 사회적 영혼인 우리를 향한 예수님의 간절한 기도 제목은 '사랑의 하나 됨'입니다.

> 아버지여, 아버지께서 내 안에, 내가 아버지 안에 있는 것 같이 그들도 다 하나가 되어 우리 안에 있게 하사 세상으로 아버지께서 나를 보내신 것을 믿게 하옵소서. 내게 주신 영광을 내가 그들에게 주었사오니 이는 우리가 하나가 된 것 같이 그들도 하나가 되게 하려 함이니이다(요 17:21-22).

사랑이신 하나님의 사랑의 사회성이 우리에게도 똑같이 이뤄지기를 바라는 기도입니다.

사회적 영혼의 인생은 오직 사랑뿐이라는 말씀입니다. 그래서 인생은 사랑하면 성공한 것입니다. 돈 많이 벌었다고 성공하는 것 아닙니다. 예수님은 가진 것이 하나도 없었습니다. 사랑하면 성공한 것입니다. 높은 자리에 올라갔다고 성공한 것 아닙니다. 예수님은 머리 둘 곳도 없었습니다. 사랑하면 성공한 것입니다. 좋은 직업 가졌다고 성공한 것 아닙니다. 예수님은 마지막 3년을 직장 없는 무직자로 보내셨습니다. 사랑하면 성공한 것입니다. 유명해졌다고 성공하는 것 절대 아닙니다. 예수님은 사람들의 멸시를 받고 수치를 당했습니다. 사랑하면 성공한 것입니다. 오래 살았다고 성공하는 것 아닙니다. 예수님은 겨우 33년 사시고 십자가에 달려 돌아가셨습니다. 사랑하면 성공한 것입니다. 인생에 꼭 성공하십시오.

정리하며 마음에 새기기

(1) 사람은 철저하게 '단독자'로서의 영혼이지만 다른 사람들이 있어야만 진정한 사람이 되고 관계 속에 있어야만 참 삶이 있는 존재입니다. 인간은 사회적 영혼입니다.

(2) 하나님께서 창조하신 인간 사회성의 본질은 사랑입니다. 사랑이 삶이고 삶은 사랑입니다. 사랑하면 인생에 성공한 것입니다.

04. 죄인

그런데, 나 어떡해?

레 미제라블, 바울
아, 어쩌다가 이 지경이 …
죄 이야기를 해야 하는 이유

얼마 전 뮤지컬 영화로 다시 조명을 받은 19세기 빅토르 위고(Victor Hugo)의 대하소설 '레 미제라블'의 주인공은 '장발장'입니다. 그런데 성경에도 사회에서 범죄자로 몰려 인생을 저주하며 불우하게 살아가다가 영혼이 깨끗한 사랑으로 구제된 주인공 장 발장과 같은 '레 미제라블'이 있습니다. 성경 레 미제라블의 주인공은 누구일까요?

레 미제라블, 바울

불어 '레 미제라블'(Les Miserables)은 '불쌍한 사람들'이라는 뜻입니다. 이 소설이 한국에서 1914년 처음 번역되어 나왔을 때의 제목은 〈너 참 불쌍타〉였습니다. 그런데 유명한 로마서 7:24 본문의 불어판은 바로 이 '레 미제라블'의 외침으로 시작됩니다. 여러 불어성경의 번역입니다.

Misérable homme que je suis(미제라블 옴 꺼 제 쉬).
아, 나는 비참한 사람입니다(새번역).

왜 그러나요?

내 지체 속에서 한 다른 법이 내 마음의 법과 싸워 내 지체 속에 있는 죄의 법으로 나를 사로잡는 것을 보는도다 오호라 나는 곤고한 사람이로다 이 사망의 몸에서 누가 나를 건져내랴 이 사망의 몸에서 누가 나를 건져내랴?(롬 7:21-24).

비참했던 바울의 고민입니다.

내가 행하는 것을 내가 알지 못하노니 곧 내가 원하는 것은 행하지 아니하고 도리어 미워하는 것을 행함이라(롬 7:15).

내 마음 나도 몰라 … 내가 왜 이러는지 나도 모르겠어요. 미칠 노릇입니다. 이유를 알았습니다.

만일 내가 원하지 아니하는 그것을 행하면 … 그것을 행하는 자가 내가 아니요 내 속에 거하는 죄니라(7:16-17).

내가 원하는 바 선은 행하지 아니하고 도리어 원하지 아니하는 바 악을 행하는도다(7:19).

그래서 절규합니다. 나는 '레 미제라블'이다! 뜻대로 잘 안 됩니다. 몸 따로, 마음 따로 노는 것입니다. 마음은 원이로되 육신이 약합니다. 머리로는 되는데 가슴이 안 따라 줍니다. 세상에서 가장 먼 거리가 머리에서 가슴까지라지요? 이렇게 가슴을 치면서 '레 미제라블'을 외치는 사람이 누구인가요? "율법의 의로는 흠이 없는 자"라고 큰 소리를 칠 수 있었던 사람입니다(빌 3:6). 웬만해서는 당시 아무리 바리새파 사람이었다고 해도 이렇게 장담할 수는 없었습니다. 바울은 율법적으로 지독한 사람이었습니다.

그런데 이 철저한 사람 바울의 속은 그것이 아니었습니다.

내 지체 속에서 한 다른 법이 내 마음의 법과 싸워 내 지체 속에 있는 죄의 법으로 나를 사로잡는 것을 보는도다(7:19).

레 미제라블! "오호라 나는 곤고한 사람이로다. 이 사망의 몸에서 누가 나를 건져내랴." 바울이 이렇다면 저를 비롯하여 다른 사람들은 더 말할 것도 없습니다. 이것이 인간의 실존입니다. 사람은 죄인입니다!

아, 어쩌다가 이 지경이 …

하나님께서 사람을 존귀하게 지으셨습니다(시 8:5). 오직 사람만을 하나님의 형상대로 만드셨습니다. 그런데 정작 자연과 짐승들은 괜찮은데 사람만이 악독해졌습니다. 하와가 선악과를 따먹고 남편에게도 먹였습니다. 아담은 하와와 하나님께 책임을 돌렸습니다(창 3:12). 그들 사이에서 큰 아이는 자기의 제사보다는 동생의 제사를 하나님께서 받아주셨다는 이유로 동생을 때려서 죽입니다(창 4:8).

그렇게 시간이 흐르고 세상이 너무 엉망이 되어 하나님께서 사람 지으신 것을 후회하십니다(창 6:5-8). 그래서 피조 세계를 홍수로 덮어버리고 그 중에 제일 나아 보이는 노아 한 사람을 택해 새 인류를 시작하십니다. 그런데 노아가 드린 번제를 받으신 뒤 홀로 독백을 하십니다.

내가 다시는 사람으로 말미암아 땅을 저주하지 아니하리니 이는 사람의 마음이 계획하는 바가 어려서부터 악함이라(창 8:21).

선하게 만들었던 인간이 구제불능의 죄인이 되었음을 깨달으심입니다. 하나님의 죄인 인식입니다. 아, 인간이 이렇게 되었구나!

사람이 자기 변질을 하나님께 들켰습니다. 부모가 아무리 좋은 것만 가르치려고 애를 써도 아이에게서 배우지 않는 죄가 그냥 나옵니다. 다윗의 고백입니다.

내가 죄악 중에서 출생하였음이여 어머니가 죄 중에서 나를 잉태하였나이다(시 51:5).

인간의 원죄(原罪, original sin) 확인입니다. 하나님께서 사람의 변질을 아셨습니다. 사람이 죄를 짓지 않을 수 없는 죄인이 되었구나!

세상 철학과 쾌락을 좇으며 멋지게 살아보려다 철저하게 실패하고 하나님께로 돌아온 성 아우구스티누스는 인간을 "Non Posse Non Peccare"(I am not able not to sin), '죄를 짓지 않을 수 없는' 존재로 정의했습니다. 의를 행할 능력을 상실한 모습입니다. 죄를 짓지 않을 수 없는 도덕적 무능력 상태의 고백입니다.

자기의 종교적 수행으로 하나님의 의를 이루려고 지난한 노력을 다했지만 실패하고 오직 믿음으로 의롭게 될 수 있다는 점을 깨닫게 되었던 종교개혁자 루터는 그래서 '노예 의지론'을 주장했습니다. 인간이 자유 의지를 부여받았으나 선악과를 먹고 난 뒤부터 죄를 짓지 않을 수 있는 도덕적 능력을 상실해서 죄에게 복종하지 않을 수 없는 '노예 의지'가 되었다는 말입니다.

오호라 나는 곤고한 사람이로다. 이 사망의 몸에서 누가 나를 건져내랴?

우리 사는 시대에도 바울과 비슷한 절규를 했던 사람이 있습니다. 성철 스님입니다. 이 분은 보통 사람이 흉내 내기 힘든 엄청난 도인(道人)입니다. 등을 바닥에 대고 누워 자지 않은 채 벽만 바라보고 장좌불와(長坐不臥) 수행을 8년간 했으며, 토굴 속에서 10년간 은거하는 초인적 수행도 했습니다. 세상에서는 성인 반열에 올릴만한 분입니다. 그런데 이 분이 1993년 10월 해인사 백련암에서 열반에 들어갔을 때 남긴 열반송이 사람들의 고개를 갸우뚱하게 만들었습니다.

일생 동안 남녀의 무리를 속여서 하늘을 넘치는 죄업은 수미산(불교의 우주론에 나오는 산으로 해발 560만 km 정도의 높이)을 지나친다.

이 열반(涅槃)송에 당혹한 불교인들이 여러 해석을 시도하여 변증하려 했지만 그저 애매모호하기만 합니다. 저는 그냥 진실한 수행 중 인간의 실존을 깨달은 큰 종교인의 정직한 유언이라고 봅니다. 율법의 의로 흠이 없었다는 바울의 솔직한 자기 탄식과 같은 성격의 고백으로 들립니다. 오호라 나는 곤고한 사람이로다. 이 사망의 몸에서 누가 나를 건져내랴? 사람은 자기 힘으로 하나님의 선(善)을 이룰 수 없습니다. 그래서 의인(義人)은 하나도 없습니다(롬 3:10-12). 믿은 뒤에도 늘 죄책감에 시달리는 것은 잘못이지만 인간의 죄성(罪性)을 아는 '죄인 의식'은 절대적으로 필요합니다.

죄 이야기를 해야 하는 이유

요즘 세상은 '죄'(sin)라는 말을 잃어버렸습니다. 인본주의 심리학에는 '죄'라는 말이 없습니다. 그냥 수치심(shame), 두려움(fear), 슬픔(sadness), 우울증(depression) 등의 부정적 느낌만 언급하지 '옳고 그름'의 개념이 사라져가고 있습니다. 교회조차 '죄' 이야기를 잘 하지 않으려 합니다. 듣기 싫어하기 때문입니다. 시카고 어느 유명 미국 교회에서는 목사가 자꾸 죄 얘기를 한다고 강단을 향해 권총을 쏜 사람이 있습니다. 누가 이렇게 '죄' 이야기를 싫어할까요? 의인이? 아닙니다. 죄를 많이 지은 사람일수록 '죄' 이야기를 싫어합니다.

수치, 두려움, 슬픔, 절망, 이 모든 것은 모두 죄의 결과입니다. 그런데 결과와 현상만 얘기하지 그 진짜 원인을 모르게 만드는 것이 마귀의 교활한 계략입니다. 사람들이 죄를 짓게 하고 그 때문에 고통을 받게 만든 뒤, 마음에 그로 인한 불만을 부채질하여 오히려 거룩하신 하나님을 원망하게 만듭니다. 마귀는 교활하게 정치적입니다.

그래서 죄의 결과들에 주목하여 변죽을 울리기보다는 죄

를 정공법으로 공략하지 않으면 안 됩니다. 성경이 죄 이야기를 하는 것은 우리를 괴롭히기 위해서가 아닙니다. 미워서 저주하는 것이 아닙니다. 잘 되라고 하는 소리입니다. 심판 이야기를 하시는 하나님의 진심입니다.

> 나의 삶을 두고 맹세하노니 나는 악인이 죽는 것을 기뻐하지 아니하고 악인이 그의 길에서 돌이켜 떠나 사는 것을 기뻐하노라(겔 33:11).

늘 심판과 재앙만 언급, 듣기 싫은 소리만 골라 하는 것 같은 예레미야를 통해서도 하나님께서 속마음을 이렇게 털어놓으십니다.

> 너희를 향한 나의 생각을 내가 아나니 평안이요 재앙이 아니니라. 너희에게 미래와 희망을 주는 것이니라 … 너희가 온 마음으로 나를 구하면 나를 찾을 것이요 나를 만나리라(렘 29:11-13).

직설적으로 죄를 얘기하시는 하나님의 의도는 재앙이 아니라 평안에 있습니다. '네가 죄인'이라고 밀어붙여 지배하려는 정치적 협박이 아닙니다. 지배 계층인 사두개인들이 그랬습니다. 하나님은 까탈스러워 주변 사람들을 힘들게 만들려는 편집증 환자가 아닙니다. 바리새인들이 그랬지요. 죄를 미워하여 죄에게 '돌 직구'를 던지시지만 죄인을 정말로 사랑하여 대신 죽으시는 사랑 때문입니다.

하나님께서 인간의 죄를 말씀하시는 것은 죄인을 구원하

기 위한 것임을 잊지 말아야 합니다.

> 하나님이 그 아들을 세상에 보내신 것은 세상을 심판하려 하심이 아니요 그로 말미암아 세상이 구원을 받게 하려 하심이라(요 3:17).

홍수 때는 노아 한 사람을 살리고 세상 사람들을 다 심판하셨습니다. 그러나 인간의 '죄인 됨'을 안타깝게 보시는 하나님께서 이제는 모든 사람들을 살리기 위해 한 사람 예수님을 죽게 하십니다(롬 5:17-19; 딤전 2:4).

정리하며 마음에 새기기

(1) 믿은 뒤에도 늘 죄책감에 시달리는 것은 잘못이지만 인간의 죄성(罪性)을 아는 '죄인 의식'은 절대적으로 필요합니다.

(2) 홍수 때는 노아 한 사람을 살리고 세상 사람들을 다 심판하셨습니다. 그러나 이제 모든 사람을 살리기 위해 한 사람 예수님을 죽게 하십니다.

II.

예수,
왜 이 땅에 살았나?

05. 인성과 신성
  : 그 흔한 이름 예수, 그 귀한 이름 예수
06. 죽음과 부활
  : 이상한 소문, 날조, 그러나 진실
07. 유일성: 독선이 아니라 은혜입니다
08. 성품: 온유와 겸손을 선택하시다

05. 인성과 신성
그 흔한 이름 예수, 그 귀한 이름 예수

흔했던 이름 예수
희귀해졌던 이름 예수
이제는 귀하신 이름 예수
하나님의 '모노게네스'

이름을 함부로 취급해서는 안 됩니다. 이름이 그 사람의 존재를 대표하기 때문입니다. 예수님의 주기도문 첫 간구가 "이름이 거룩히 여김을 받으시오며"였다는 점이 시사하는 바가 큽니다. 고대 유대인들은 성경에서 이스라엘의 하나님 이름(יהוה)이 나오면 감히 발음을 하지 못하고 대신 '아도나이'(나의 주님)라고 읽었습니다. 그러다 보니 라틴어로 '테트라그라마톤'(네 글자)이란 학명(學名)이 붙어 있는 이 단어의 발음을 역사 속에서 잃어버려 지금은 그것이 '여호와'인지 '야훼'인지 확인할 길이 없게 되었습니다.

흔했던 이름 예수

예수라는 이름은 구약의 여호수아(여호와는 구원)와 같은 이름입니다. 바벨론 포로기 이후 '예수아'로 단순화되었습니다(스 2:2). 당시 헬라어로 번역된 구약성경인 〈70인역〉은 이를 음역(音譯)하여 '예수스'(Ἰησοῦς)로 표기했습니다. 그러니까 '예수'는 '여호수아' 또는 같은 이름인 '예수아'를 헬라어로 옮겨 적은 발음의 이름입니다.

이 이름은 1세기 전반까지 무척이나 흔한 이름이었습니다. 우리와 달리 성(姓)이 없었던 성서 시대 유대인들은 아버지나 삼촌의 이름을 그대로 물려받는 경우가 잦았습니다(눅 1:61). 근래 사해 근처에서 발견된 어느 여인의 상속 관련 재판 기록에 보면 남편의 이름도 예수, 시부의 이름도 예수, 아들의 이름도 예수였습니다. 고대 유대교의 변증서인 〈아리스테아스의 편지〉에서는 〈70인역〉을 번역한 72명의 유대인 학자 중 세 명이 예수라는 이름을 갖고 있었다고 합니다. 1세기 유대 역사가 요세푸스의 글 중에는 약 20명의 예수가 등장하는데 그 중 저자와 동 시대 사람인 예수만 해도 10명이나 됩니다. 바울이 살라미 섬에서 만난 거짓 선지자의 이름 '바예수'는 '예수의 아들'이라는 뜻입니다(행 13:6). 물론 그 박수 무당이 우리 주님의 아들이 아니었음은 말할 것도 없습니다.

희귀해졌던 이름 예수

그렇게 흔했던 이름 예수가 1세기 후반부터 문헌에서 사라지기 시작했습니다. 거의 등장하지 않습니다. 도대체 1세기 후반에 이 '예수'라는 이름에 무슨 일이 일어났던 것일까요?

우선 예수님을 미워하던 전통적 유대인들에게 있어 '예수'는 거룩하신 하나님을 이방인들과 섞이게 만든 이단 괴수였기 때문에 더 이상 자식들을 그 이름으로 부르고 싶지 않았을 것입니다. 유대인의 성전이 주후 70년에 로마에 의해 무너지고 나서 더 이상 제사를 드릴 수 없게 되면서부터, 레위 지파 출신의 세습 제사장들은 역사에서 사라지고 대신 성경의 권위자들로 통하던 바리새파 사람들이 유대교를 장악하게 되었습니다. 그래서 주후 70년 이후의 유대교를 '바리새파 유대교'(Pharisaic Judaism)로 정의합니다. 그 바리새파 유대교를 랍비 유대교라 불렀고(Rabbinic Judaism) 이 전통이 오늘날까지 이어져 오는 것입니다.

바리새인들이 예수님을 얼마나 싫어했는지는 복음서를 읽어보면 곧 알 수 있습니다. 그러니 어떻게 유대인들이 자식들에게 마음 편하게 '예수'라는 이름을 붙일 수 있었겠습니까? 우리가 자식의 이름을 이완용 또는 문선명이라고 붙이고 싶지 않은 것과 같은 현상입니다.

이제는 귀하신 이름 예수

그러나 또 한 가지 이유는 믿는 유대인 그리스도인들에게서 찾을 수 있었습니다. 이때 쯤, 믿는 유대인들에게는 '예수'라는 이름이 경배의 대상이 되었기 때문이었습니다. 예수님께서 부활하시고 나서 제자들이 다시 모여 예수님 이름으로 교회가 만들어지고 예수님이 예배의 대상이 되었을 때, 즉 예수의 이름이 "모든 이름 위에 뛰어난 이름"이 되었을 때, 누가 감히 자기 자식의 이름에다 경배의 대상이 된 하나님의 아들의 이름을 쉽게 갖다 붙일 수 있었겠습니까? 그것은 믿는 유대인들에게 제3 계명을 범하는 느낌을 주었을 것입니다.

하나님께서 취하신 이름이었기에 더 이상 우리 인간이 건드릴 수 없다고 생각되었던 것입니다. 그렇게 해서 '그 흔한 이름 예수'는 '그 귀한 이름 예수'로 바뀌게 되었습니다. 이 역사적 해프닝이야말로 예수님이 어떤 분이신지를 여실히 반증하는 과정이었습니다.

'예수 그리스도'는 지극히 높으신 하나님, 그래서 감히 이름조차 언급하기 어려운 하나님께서 철수와 영희처럼 흔한 이름으로 불리게 된 사건이었습니다. 하나님께서 철수가 되셨습니다. 하나님께서 영희가 되셨습니다. 왜 그랬나요? 철수를 구원하기 위해서였습니다. 영희를 구원하기 위해서였습니다. 하나님께서 철수와 영희를 너무 사랑하셔서 철수와 영희를 구원하기 위해서 철수와 영희와 똑같은 존재가 되시느라고 낮고 낮은 이 땅에 오심이 바로 성육신(成肉身)의 사건입니다.

'케노시스'(비움) 찬미라는 별명이 붙어있는 현존의 가장 오래된 찬송 가사입니다.

그는 근본 하나님의 본체시나 하나님과 동등 됨을 취할 것으로 여기지 아니하시고 오히려 자기를 비워 종의 형체를 가지사 사람들과 같이 되셨고 사람의 모양으로 나타나사 자기를 낮추시고 죽기까지 복종하셨으니 곧 십자가에 죽으심이라(빌 2:6-8).

하나님의 '모노게네스'

사람은 하나님을 모릅니다. 하나님이 계시다는 것을 어렴풋이 짐작할 수는 있으나 실제로 그분에 대해서 스스로 알 수 없습니다. 사람이 하나님을 알 수 있는 길은 오직 한 가지

밖에 없습니다. 하나님께서 자신을 알려주셔야만 됩니다. 이 것이 '드러냄'의 뜻을 지닌 '계시'(revelation)입니다. 열어서 보여준다는 뜻입니다. 우리는 계시된 것만 압니다(신 29:29). 하나님께서는 우리에게 자신을 계시하셨습니다. 자연, 역사, 양심 등의 여러 모양으로 말씀하셨습니다(히 1:1).

그러나 이 모든 것들은 부분적입니다. 또한 인간의 죄와 주관으로 인해 굴절되어 제대로 파악이 안 되고 왜곡되기 쉽습니다. 그래서 하나님께서는 마지막 때에 자신의 아들을 통해 말씀하셨습니다(히 1:2). 하나님께서 우리 인간이 받을 수 있는 최선, 최고의 계시로 자신의 아들을 보내신 것입니다. 바로 예수님이십니다.

예수님은 하나님의 아들이십니다. 그런데 '하나님의 아들'이라는 것이 도대체 뭘까요? 그리스-로마 신화에서처럼, 하나님께서 아내를 취해 그 사이에서 낳은 자식이라고 생각하는 사람은 없을 것입니다. 인간적 방법으로 낳은 자식이라는 의미에서 아들이 아닙니다. '하나님의 아들'이 뜻하는 바를 가장 잘 설명해 주고 있는 말은 '독생자'(獨生子)입니다.

> 말씀이 육신이 되어 우리 가운데 거하시매 우리가 그의 영광을 보니 아버지의 독생자의 영광이요 은혜와 진리가 충만하더라(요 1:14).

> 하나님이 세상을 이처럼 사랑하사 독생자를 주셨으니 이는 그를 믿는 자마다 멸망하지 않고 영생을 얻게 하려 하심이라 (요 3:16).

독생자로 번역된 그리스 원어는 '모노게네스'(μονογενής)입니다. 외아들을 가리키는 경우에 이 말이 쓰였습니다. 그러나 하나님께서 자식을 많이 두지 못하고 자손이 귀해서 하나밖에 두지 못했다는 의미에서의 독생자가 아님은 분명합니다. 말 뜻 그대로를 풀어쓰면 '그분에게서 나온 유일한'이란 의미를 갖습니다.

모든 것이 다 하나님께로부터 나왔습니다. 하지만 특별히 '그분의 본질에서부터, 그 본질을 그대로 갖고 나온 유일한 사람'의 뜻으로 '모노게네스'입니다. 요한은 이것을 조금 더 풀어서 썼습니다.

본래 하나님을 본 사람이 없으되 아버지 품속에 있는 독생하신 하나님이 나타내셨느니라(요 1:18).

사람 중에서 유일하게 하나님의 본질을 그대로 입고 나신 분이란 뜻입니다. 하나님께서 자식이 귀하셔서 하나밖에 없었는데 그래서 외아들이라는 의미가 절대 아닙니다.

즉 하나님이 사람이 되신 유일한 경우라는 뜻이 바로 이 '모노게네스'입니다. 하나님이 사람이 되셨던 다른 경우는 없었습니다. 오직 예수님만이 유일하게 하나님이 사람이 되셨다는 의미에서 '모노게네스'입니다. 하나님의 품(본질)으로부터 나오신 분은 예수님 밖에 없습니다. 그것이 '하나님의 아들'의 뜻입니다. 하나님께서 사람이 되신 분이 예수님이십니다.

이는 하나님의 영광의 광채시요 그 본체의 형상이시라. 그의 능력의 말씀으로 만물을 붙드시며 죄를 정결하게 하는 일을 하시고 높은 곳에 계신 지극히 크신 이의 우편에 앉으셨느니라(히 1:3).

하나님께 왜 그러셨나요? 왜 '모노게네스'가 되어 오셔야 했나요? 우리가 죄 때문에 하나님께 가까이 갈 수가 없었고 그래서 하나님을 알 수 없었습니다. 그렇기 때문에 하나님께서 우리의 모양을 취해서 우리에게로 직접 오신 것입니다. 세상 다른 모든 종교가 구원을 위해 '인간이 하나님을 찾는 것'이라면 기독교는 '하나님께서 인간을 찾아오신 것'을 알려주는 계시의 복음입니다.

정리하며 마음에 새기기

(1) '예수 그리스도'는 지극히 높으신 하나님, 그래서 감히 이름조차 언급하기 어려운 하나님께서 철수와 영희처럼 흔한 이름으로 불리게 된 사건이었습니다.

(2) 세상 다른 모든 종교가 구원을 위해 '인간이 하나님을 찾는 것'이라면 기독교는 '하나님께서 인간을 찾아오신 것'을 알려주는 계시의 복음입니다.

06. 죽음과 부활
이상한 소문, 날조, 그러나 진실

헛소문 – 예수와 그 아내 아나스타시스
다시 사신 형님 때문에 …
터무니 없는 날조, 그러나 진실은

정보가 여러 사람을 거치다 보면 자주 와전됩니다. 주후 51년 경 아테네에서 바울에 대해 굴곡 된 소문이 있었습니다.

어떤 에피쿠로스와 스토아 철학자들도 바울과 쟁론할새 … 어떤 사람은 이르되 이방 신들을 전하는 사람인가보다 하니 이는 바울이 예수와 부활을 전하기 때문이러라(행 17:18).

여기 바울에 대한 소문이 어떻게 와전되어 있나요?

헛소문 – 예수와 그 아내 아나스타시스

"이방 신들을 전하는 사람"으로 소문이 나갔습니다. 유대인 바울에게는 도저히 있을 수 없는 일입니다. "이방 신들"을 전하다니 ….

너는 나 외에 다른 신들을 네게 두지 말라(출 20:3).

하나님은 오직 한 분이십니다. 그래서 '유일신 신앙'이라고 합니다. 루스드라에서 발을 쓰지 못하는 사람을 고쳤을 때 사람들이 자기를 신으로 오인해 제사를 지내려 할 때 옷을 찢고 통탄하며 유일신 하나님을 가르쳤던 바울이었습니다(행 14:8-18).

그런데 복수로 "신들"을 전하는 사람이라니…. 헬라어 원문을 보면 더 불쾌합니다. "제논 다이모니온"(ξένων δαιμονίων)

에서 형용사 '제노스'는 '외국의'(foreign) '이상한'(strange)의 뜻이고 '다이모니온'은 복음서에서 주로 '귀신'(demon)으로 번역된 말입니다. 그러니까 복음서 용어를 그대로 옮겨 쓰면 바울이 '생소한 귀신들을 전파하는 사람'으로 소문이 난 셈입니다. 상당히 기분이 나빴을 것 같습니다. '다이모니온'을 전하는 것으로 오인을 받는 것도 불쾌할 텐데 철저한 유일신론자인 그가 복수(複數)의 '귀신들'을 전파한다고 소문이 났으니 ….

사도행전은 그 이유를 이렇게 설명합니다.

이는 바울이 예수와 부활을 전하기 때문이러라.

역시 헬라어 원문을 직역하면 '생소한 귀신들'의 복수를 쓴 이유가 이해됩니다. "왜냐하면, 그가 '예수'와 '아나스타시스'(ἀνάστασις)를 전파했기 때문입니다." '아나스타시스'는 '부활'이라는 뜻입니다.

헬라어 명사에는 남성, 여성, 중성의 성별(gender)이 있는데 '아나스타시스'는 여성 명사입니다. 헬라어 원문으로 읽으면, 바울이 남자 귀신인 예수와 여자 귀신인 '아나스타시스'를 함께 전하는 사람처럼 보입니다. 당시 그리스-로마 신화에서는 흔한 일입니다. 제우스가 자신의 아내 헤라가 짝을 이루고 있는 것처럼 ….

어쩌다 이렇게 인식되었을까요? 바울이 그냥 예수만을 전한 것이 아니라 그분의 부활 사건이 항상 같이 언급되었다는 뜻입니다. 얼마나 '예수 부활'을 얘기했으면 예수와 부활이라는 두 신을 복수로 전하는 사람으로 오인을 받았을까요? 일세기 복음에 그리스도의 부활 신앙이 필수적이었음을 보여주는 역사의 해프닝입니다.

다시 사신 형님 때문에 …

분명히 죽어 무덤에 그 시신을 넣어두었던 예수님을 하나님께서 다시 살리셨습니다. 그리고 그 예수님은 제자들에게 나타나셨습니다. 여신 아나스타시스를 전하는 사람으로 와전될 정도로 예수의 부활을 전하던 바울은 주후 55년 경 쓴 고린도전서에서 그 부활의 목격자들을 이렇게 열거합니다.

그리스도께서 우리 죄를 위하여 죽으시고 장사 지낸 바 되었다가 성경대로 사흘 만에 다시 살아나사 게바에게 보이시고 후에 열두 제자에게와 그 후에 오백여 형제에게 일시에 보이셨나니 그 중에 지금까지 대다수는 살아 있고 어떤 사람은 잠들었으며 그 후에 야고보에게 보이셨으며, 그 후에 모든 사도에게와 … (고전 15:3-7).

신앙인이 아닌 제3자 입장에서 사실 파악을 위해 바울의 이 기록을 읽으면 당혹스럽습니다. 한 사람이라면 헛 것을 봤다고 짐작할 수 있습니다. 하지만 12명이 함께 헛 것을 볼 수는 없습니다. 더구나 500여명이 동시에 헛 것을 볼 개연성은 아예 없습니다. 바울이 이 편지를 쓰는 시점에도 250명 이상의 동시 목격 증인이 생존해 있다고 말하는 것입니다.

여기 언급된 사람들은 모두 예수님이 죽을 때 도망가 숨었던 사람들인데, 후에 세상에 다시 나와 담대하게 복음을 전하게 되는 변화를 보인 사람들입니다. 이들의 변화의 계기로 짐작할 수 있는 다른 변수는 없습니다. 다시 사신 예수님의 목격 외에는 그들의 이 이상한 변화를 설명할 길이 없습니다. 특히 바울의 이 편지에서 언급하지 않았다면 그 변화의 이유를 도저히 알 수 없었던 것이 예수님의 친 동생 야고보입니다.

예수님의 동생들은 예수님께 우호적이지 않았습니다. 미쳤다고 생각하여 잡으러 나선 적도 있었고(막 3:20-21), 요한복음은 그 형제들까지도 예수를 믿지 않는다(요 7:5)고 구체적으로 적시했습니다. 이러던 동생들이 서슬 퍼런 예루살렘에서 약속의 성령을 기다리던 120명의 제자들 속에 포함되는가 하면(행 1:14), 그들 중 하나인 야고보는 할례 문제로 격론이 있었던 예루살렘 회의에서 바나바와 바울의 간증 후에 모든 것을 종합하는 최종 발언을 하여, 어찌 보면 베드로 이상의 권위를 지닌 최고 지도자의 모습을 보였습니다(행 15:13-21). 바울이 예루살렘에 갔을 때 그곳을 지키면서 대표하던 사람도 '주의 형제 야고보'였으며(갈 1:19), 바울은 그를 '기둥같이 여김을 받던 지도자'로 언급했습니다(갈 2:9). 일세기 유대인 역사가 요세푸스는 이 야고보의 순교를 기록하고 있습니다.

(대제사장) 아나누스는 … 그리스도라 불리는 예수의 형제 야고보와 다른 형제들을 산헤드린 앞에 세우고 율법 위반자로 그들을 고소하여 돌로 쳐 죽이도록 보내었다(『유대 고대사』 20.197-200).

회의적인 비판자였다가 순교할 정도의 철저한 옹호자로 바뀐 야고보 변화의 역사적 단서는 꼭 한 가지 밖에 없습니다. 바울의 증언입니다.

그 후에 야고보에게 보이셨으며 … (고전 15:7).

이 한 마디가 모든 것을 다 설명합니다. 그가 부활하신 예수님을 만났던 것입니다.

터무니없는 날조, 그러나 진실은

제가 객관적 제3자의 입장에서 사료(史料)로서의 바울의 편지를 읽고 판단을 내려야 한다면, (1) 바울이 제 정신이 아니었거나 (2) 그가 조작된 거짓말을 했거나, 아니면 (3) 죽었던 예수의 부활 목격이 언급된 그대로 사실이었다는 것 외의 다른 가능성은 생각할 수 없습니다. 바울의 글을 모두 읽어본 사람이라면 (1)과 (2)의 가능성이 전혀 없다는 것을 쉽게 알게 될 것입니다. 그렇다면 사실밖에 없습니다. 예수님은 삼일 만에 다시 사셔서 자신의 사람들에게 보이시고 일정 기간 그들과 함께 계셨습니다. 예수님의 부활은 확고한 사실입니다.

당시로서 다시 사신 예수님을 만난 사람들의 입을 닫을 수 있는 길은 딱 한 가지 밖에 없었습니다. 아주 간단하고 쉬운 방법입니다. 약 2톤 무게의 돌무덤 입구를 걷어내서 그 안에서 부패해가는 예수의 시신을 만 천하에 공개하는 것입니다. 반대 증거야 말로 최고의 증명 방법입니다. "봐라. 여기 그의 시신이 있다!"

그런데 대제사장들도 로마도 그럴 수 없었습니다. 그의 주검을 가두고 2톤의 돌로 입구를 삼았던 그 무덤에 예수의 시신이 없었기 때문입니다. 부활 사실의 반대 증명을 할 수 있는 유일한 길인 시신이 없어 소문이 퍼져나가고 백성들이 선동되는 것을 보면서도 속수무책이 된 것은 이 멀쩡한 빈 무덤 때문이었습니다.

궁지에 몰린 종교 지도자들은 종종 정치인들이 뒤에서 저지르는 소위 '조직적 날조'를 했습니다.

그의 제자들이 밤에 와서 우리가 잘 때에 그를 도둑질하여 갔다 하라 … 군인들이 돈을 받고 가르친 대로 하였으니 이 말이 오늘날까지 유대인 가운데 두루 퍼지니라(마 28:12-15).

여기서 "오늘날"이라 함은 이 코멘트를 하고 있는 마태복음이 기록된 주후 70년 초를 말합니다.

그들이 날조한 도난설이 혹여라도 사실이라면, 제자들은 죽음을 무릅쓰고 무덤에 잠입해서 예수의 시신을 훔쳐 어딘가 숨겨두고 자신들이 만들어낸 거짓말을 위해 순교까지 했다는 말이 됩니다. 사람은 살기 위해 만든 거짓말을 위해 죽지는 않습니다. 이런 황당한 공작은 '빈 무덤'이라는 부정할 수 없는 사실 때문에 발생한 해프닝이었습니다. 예수님은 다시 사셨습니다.

예수님은 애초부터 인간의 근본 문제인 죽음을 해결하기 위해 오셨습니다. 그래서 그 죽음을 이기고 다시 사셨습니다

(고전 15:54-57). 부활이 없는 예수님의 죽음은 의미의 효력을 상실합니다. 그냥 멋있게 살다가 죽은 것일 뿐입니다. 그분의 죽음이 우리를 용서하고 의롭게 하는 대속의 효력을 가지게 하는 것은 생명의 부활입니다. 하나님께서 예수 그리스도를 죽은 자 가운데서 다시 살리심으로써 그분의 죽음이 우리의 구원이며 생명의 길인 것을 확증하신 것입니다. 이것을 위해서입니다.

네가 만일 네 입으로 예수를 주로 시인하며 또 하나님께서 그를 죽은 자 가운데서 살리신 것을 네 마음에 믿으면 구원을 받으리라(롬 10:9).

정리하며 마음에 새기기

(1) 회의적인 비판자였다가 순교할 정도의 철저한 옹호자로 바뀐 예수님 동생 야고보 변화의 역사적 단서는 꼭 한 가지 밖에 없습니다. 그가 부활하신 예수님을 만났던 것입니다.
(2) 부활이 없었다면 예수님의 죽음에는 의미의 효력이 없습니다. 그리스도의 죽음이 대속의 효력을 갖는 것은 죽음을 이기고 다시 사신 부활의 능력 때문입니다.

07. 유일성
독선이 아니라
은혜입니다

'아나쎄마'로 지켜야 했던 복음
나로 말미암지 않고는 …
독선이 아니라 은혜!
종교다원주의는 …

> 너희를 박해하는 자를 축복하라. 축복하고 저주하지 말라.
> (롬 12:14).

누구의 말일까요? 바울이 한 말씀입니다 그렇습니다. 혹 우리를 힘들게 하는 사람이 있어도 저주하면 안 됩니다. 그런데 갈라디아에 보낸 편지에 보니 그가 저주를 합니다. 그것도 두 번씩이나 … 아나쎄마!(ἀνάθενα, 갈 1:8, 9). 드려진 서원의 예물을 가리키는 말입니다. 잘못 건드리면 무서운 일을 당한다는 맹세의 저주 표현입니다. "저주를 받을지어다!" 이 분 여기서 왜 이러시는 걸까요?

'아나쎄마'로 지켜야 했던 복음

보통은 축복과 덕담으로 시작하는 것이 다른 바울 편지들의 상례(常禮)인데 갈라디아서에서는 다짜고짜 정색하며 쏟아내는 경고가 앞섭니다(갈 1:6-9). 서론이고 뭐고 없습니다.

> 우리가 전에 말하였거니와 내가 지금 다시 말하노니 만일 누구든지 너희가 받은 것 외에 다른 복음을 전하면 저주를 받을지어다(1:9).

누가 봐도 바울은 그냥 '돌직구'를 날렸습니다. 갈라디아 교인들이 누군가에게 속아서 다른 복음을 따랐다 합니다. 그들이 받았던 복음과 다르기 때문에 '다른 복음'이라 합니다.

그러나 '다른 복음'이란 것은 없습니다. 복음은 한 가지 밖에 없습니다. 그래서 말합니다.

다른 복음은 없나니 다만 어떤 사람들이 너희를 교란하여 그리스도의 복음을 변하게 하려 함이라(1:7).

이것은 절대적입니다. 어느 정도로 절대적인가요? '하늘에서 온 천사'라도 즉 하나님께서 보낸 사자라도 다른 복음을 전하면 저주를 받을 것입니다(1:8). 더 나아가서 바울 자신이라도 마음이 변해서 자기가 전했던 복음과 다른 복음을 받으면 역시 아나쎄마! 다른 복음에 대한 것은 잘 대화해서 서로 양보하며 타협할 수 있는 성격의 것이 아님을 두려운 마음으로 고백하는 것입니다.

다른 어떤 것도 끼어들 수 없는 참 복음이 무엇입니까? 바울은 갈라디아서 3:1에서 다음과 같이 회상합니다.

어리석도다 갈라디아 사람들아, 예수 그리스도께서 십자가에 못 박히신 것이 너희 눈앞에 밝히 보이거늘 누가 너희를 꾀더냐.

〈개역 개정〉에서 '눈앞에 밝히 보이다'(προεγράφη)로 번역된 것은 의역이고, 그리스어 동사의 원뜻을 충실하게 직역하면 '눈앞에 뚜렷하게 쓰여 있다'입니다. 그래서 이 말은 눈앞에 플래카드처럼 크게 펼쳐 있는데 '눈이 멀었냐?'는 식의 되물음입니다. 뭐라고 쓰여 있나요? 십자가에 못 박히신 예수 그리스도! 이것이 참 복음입니다. 이것 외에 다른 복음은 있을 수 없습니다. 고린도에 보내는 편지에서도 똑 같았습니다.

형제들아 내가 너희에게 나아가 하나님의 증거를 전할 때에 말과 지혜의 아름다운 것으로 아니하였나니 내가 너희 중에서 예수 그리스도와 그의 십자가에 못 박히신 것 외에는 아무 것도 알지 아니하기로 작정하였음이라(고전 2:1-2).

▌나로 말미암지 않고는 …

이런 생각은 한때 바울이 그렇게 못마땅하게 여겨 박해하던 예수님에게서 비롯되었습니다. 자신의 유일성을 이렇게 말씀하셨습니다.

내가 곧 길이요 진리요 생명이니 나로 말미암지 않고는 아버지께로 올 자가 없느니라(요 14:6).

세상에 훌륭한 선생들이 적지 않습니다. 그중에도 공자, 석가, 소크라테스가 예수님을 포함해서 세상의 4대 성인(聖人)으로 불립니다. 이 중 석가와 공자가 고등 종교의 창시자가 되었지만 모두 인정하듯이 그들은 그냥 인간이었습니다. 인간으로서 사회 문제를 놓고 깊이 고민하고 인간 운명에 대해 안타까워하면서 바로 사는 법을 찾다가 종교의 창시자로 불리게 되었습니다. 이해할 수 있는 인간사 속의 이야기입니다.

그러나 예수님은 많이 다릅니다. 세상에서는 도저히 있을 수 없는 방식으로 잉태가 되었습니다. 성령으로 잉태되었습니다. 다른 훌륭한 성인들과 달리 잉태의 기원이 인간이 아닌 하나님이셨습니다.

본래 하나님을 본 사람이 없으되 아버지 품속에 있는 독생하신 하나님이 나타내셨느니라(요 1:18, '독생'[모노게네스]의 의미에 대해서는 II. 예수, 왜 이 땅에 살았나? 중 05. 인성과 신성– 그 흔한 이름 예수, 그 귀한 이름 예수 참고).

하나님에게서 나오셨습니다. 직접 하나님께로부터 왔다가 다시 하나님께로 가셨습니다.

하늘에서 내려온 자 곧 인자 외에는 하늘에 올라간 자가 없느니라(요 3:13).

인류 역사 속의 누구도 이렇게 와서 이렇게 왔다 이렇게 간 사람은 없습니다. 왜 이러해야 되었나요?

저는 사실 자타가 공인하는 길눈이 많이 어두운 '길치'입니다. 심방을 갈 때 운전대 권력을 아내에게 완전히 빼앗겨 조용히 조수석에 앉아 있어야만 할 정도로 심각합니다. 그러나 저 같은 길치에게도 확실한 것 하나가 있습니다. 제 집에서 교회, 교회에서 다시 제 집으로 가는 골목골목 꽤 복잡한 길은 그래도 제가 가장 확실하게 압니다. 제 집 가는 길 만큼은 제가 전문가입니다.

누가 우리를 하나님께로 안내할 수 있는 최고 적격자일까요? 다른 세 성인을 포함해서 누구도 하나님께로 가는 길을 모르는 이 현실에서는, 하나님께로부터 오신 유일한 분 예수님뿐입니다. 예수님만이 하나님께로 가는 길인 것은 하나님께로 인도할 수 있는 분이 하나님께로부터 온 예수님뿐이기 때문입니다. 그 예수님이, 하나님께로 가는 길을 가로막고 어둡게 만든 우리의 죄를 위해 십자가에 못 박혀 죽으심으로써 막힌 길을 열어 복음이 되셨습니다. 다른 복음은 없습니다!

독선이 아니라 은혜!

이쯤 되면 자주 듣게 되는 기독교를 향한 비판이 귀에 울립니다. 독선적이다! 너무 배타적이다! 잘 생각해 봐야 됩니다. 기독교가 독선적이어서 싫다며 막연하게 종교다원주의를 논하는 사람들의 생각은 이렇습니다.

종교라는 것이 다 착하게 잘 살고 마음의 평안을 주려는 것이니 여러 가지 방법이 있다.

틀린 말은 아닙니다. 그러나 기독교 복음의 핵심은 착하게 살고 마음의 평안을 얻는 것이 결코 아닙니다. 구원입니다. 인간의 궁극적 문제인 죄와 죽음의 문제를 해결해야만 된다는 것입니다. 평안과 착하게 사는 법이 아닙니다. 죄와 죽음과 심판을 대처하는 일입니다.

'인간이 죄와 죽음의 문제를 해결하고 구원을 받는 길'에는 사람의 방법과 하나님의 방법 두 가지 밖에 없는데 사람의 방법은 눈을 씻고 찾아봐도 없습니다. 귀담아 들어보면 다들 '잘 모르겠다'는 것뿐입니다. 즉 불가지론입니다. 그런데 우리 인생을 '불가지론'에 걸 수는 없지 않습니까! 천하보다 귀중한 이 영혼, 이 인생을 '잘 모르겠다'는 것에 맡기고 살 것입니까? 말도 안 됩니다.

그렇다면 하나님의 계시와 그분의 방법에 맡기는 것 외에는 다른 대안이 없습니다. '하나님의 방법'이 예수 그리스도의 복음입니다. 사람의 방법은 사람의 노력으로 영생을 얻는 것입니다. 그런 것이 어디 있나요? 저는 아직까지 못 들어 봤습니다. 경험적으로도 가능하지 않습니다. 안 되는 것을 다들 압니다. 그 지독했던 바울, 율법의 의로는 흠이 없었던 바리새인이 안됐는데 나같이 의지 약하고 죄에 잘 넘어지며 비겁하고 이기적인 사람들이 어떻게 … 안 됩니다. 불가능합니다. 다른 길은 없습니다. 그러니 독선이 아닙니다. 하나님의 유일한 길로서의 복음은 다른 길이 없는 우리의 문제이지 예수님의 독선이 아닙니다. 해결의 길이 없어 진정한 해결책을 주니까 독선이라고 하면 안 됩니다.

그 길밖에 없는 것은 독선 때문이 아니라 내가 구제불능의 죄인이어서 다른 길이 없는 현실 때문입니다. 독선이 아니고 은혜입니다. 이것을 알고 난 바울의 말씀입니다.

우리는 십자가에 못 박힌 그리스도를 전하니 유대인에게는 거리끼는 것이요 이방인에게는 미련한 것이로되 오직 부르심을 받은 자들에게는 유대인이나 헬라인이나 그리스도는 하나님의 능력이요 하나님의 지혜니라(고전 1:23-24).

그렇습니다. 그리스도의 유일성은 독선이 아니라 하나님의 은혜이며 하나님의 지혜입니다.

▎독선이 아니라 은혜!

구원의 손길을 내미는 고육지책(苦肉之策) 대속의 은혜를 독선이라고 뿌리치며 비난하는 것은 심각한 인간 죄성(罪性)의 한 단면입니다. 세상의 모든 종교가 다 하나라고 쉽게 얼버무리는 종교다원주의에 속지 마십시오. 하나님의 구원의 손길을 '독선'이라고 뿌리치는 사람들에게는 종교 다원주의가 의젓하고 포용력이 있어 보일 것입니다.

그러나 저는 종교다원주의의 심리(心理)에서 로마의 '판테온'(Pantheon, 만신전)을 읽습니다. 명분은 신에게 바치는 것이라 하지만, 사실은 멋진 건물을 지어놓고 그 안에 모든 신을 가두어 놓는 황제의 오만한 권력 행사입니다. 모든 신에게 골고루 시혜를 베푸는 황제의 아량과 포용력의 과시가 그 뒤에 도사리고 숨어 있습니다.

하나님의 은혜를 입어 구원을 받아야만 하는 형편없는 죄인이, 자신의 마음속의 판테온에 그리스도까지도 그 여러 신들 중의 하나로 격하시켜 집어 넣어 전시하면서 아량과 포용력이 있는 척하는 고도의 교만이 종교 다원주의라는 생각이

들었습니다. 제가 너무 심했나요? 그러나 저는 제가 죄인인 것을 알고 있기 때문에 하나님의 유일한 구원의 은혜인 예수 그리스도의 복음을 '얄팍한 인간의 포용력'으로 내려다보면서 종교 다원주의의 판테온을 지을 수는 없습니다.

> **정리하며 마음에 새기기**
>
> (1) 내 집으로 길은 내가 가장 확실하게 압니다. 내 집 가는 길 만큼은 내가 전문가입니다. 누가 우리를 하나님께로 안내할 수 있는 최고 적격자일까요?
> (2) 그리스도 복음의 유일성은, 다른 길이 없는 우리의 문제이지 예수님의 독선이 아닙니다. 은혜의 해결책을 주니까 독선이라고 하면 안 되는 것입니다.

08. 성품
온유와 겸손을 선택하시다

예수님이 정말 온유하셨나요?
성품과 사역으로서의 온유와 겸손
온유한 자의 기업, 하나님 나라

거세고 교만한 사람이 좋습니까? 아니면 온유하고 겸손한 사람이 좋은가요? 거칠고 입이 걸어 화를 잘 내 주변에서 마음이 강퍅하다고 여겨지는 사람에게 가서, 거센 사람이 좋은지 온유한 사람이 좋은지 물어보면 뭐라고 할까요? 온유한 사람이 좋답니다! 사람은 온유한 것이 좋습니다. '온유'가 사랑의 모습이기 때문입니다. 온유함이 따스하여 마음을 편하게 해 주기 때문입니다. 좋은 관계를 유지하게 하여 사람 마음에 깊은 변화를 주기 때문입니다. 온유함이 사람을 살리기 때문입니다.

온유함은 항상 겸손과 함께 갑니다. 온유함은 마음의 겸손에서 흘러나옵니다. 겸손이 밖으로 나와 드러나는 태도가 온유함이라 할 수 있습니다. 겸손의 그리스어 '타페이노스'($ταπεινός$)는 '낮음'의 뜻입니다. 마음을 아래에 위치하여 낮추는 것입니다(빌 2:3). 보통 우리가 윗사람 앞에서 그러듯이 남을 낫게 여기는 마음을 가지면 온유해집니다.

예수님이 정말 온유하셨나요?

각종 폭력이 난무하고 사는 것이 너무 힘들다고 하는 이 시대에 필요한 사람은 또 한 명의 거만한 폭군이 아니라 온유와 겸손의 성품을 지닌 진정한 섬김의 지도자입니다. 이와 같은 때에 예수님께서 우리를 부르십니다.

> 수고하고 무거운 짐 진 자들아 다 내게로 오라. 내가 너희를 쉬게 하리라. 나는 마음이 온유하고 겸손하니 나의 멍에를 메고 내게 배우라. 그리하면 너희 마음이 쉼을 얻으리니 …
> (마 11:28-29).

이 부르심에 예수님 자신의 성품을 정의하셨습니다. 우리의 죄 짐과 삶의 수고 문제를 해결해 주시겠다는 예수님의 부르심은 그분의 사역인데 거기에 온유와 겸손의 성품이 언급되었습니다. 여기에 중요한 기독론적 함의가 있습니다.

하지만 고개를 갸우뚱하게 만드는 사건들이 여럿 있습니다. 위선적이고 교만하며 음흉하게 비판적인 바리새인들과 다툴 때, 예수님은 한 치의 양보 없이 전투적이고 공격적이었습니다. 욕설에 가까운 '독사의 자식들'이란 말도 서슴지 않으셨습니다(마 12:34). 성전에서 매매하는 사람들의 상을 뒤 엎고 채찍으로 몰아 쫓아내셨습니다(막 11:15-18). 이런 모습을 보이면서 동시에 자신의 마음이 온유하고 겸손하다고 하신다면 도대체 그 온유와 겸손은 무엇일까요?

이렇게 과격한 모양의 사건도 있었지만 예수님의 삶과 사역 전반을 살펴보면 그분은 참 따뜻하게 포용적이었습니다. 당시 하나님 나라에 속할 수 없는 부류의 사람들로 여겨져 배제의 낙인이 찍힌 세리와 죄인들과 같이 식사하기를 주저하지 않으셔서 '세리와 죄인의 친구'라는 오명까지 얻으셨습니다(눅 7:34). 간음하다가 현장에서 잡혀온 여인을 그냥 용서하여 돌아가게 하셨습니다(요 8:3-11). 예수님의 사역을 귀찮게 하는 아이들을 싫다 하지 않고 품에 안아 안수하셨습니다(막

10:14-16). 친구 나사로가 죽은 곳에서는 서럽게 눈물을 흘리셨습니다(요 11:35). 십자가에서는 자신을 조롱하고 욕을 퍼붓는 사람들을 위해 기도하십니다.

아버지 저들을 사하여 주옵소서. 자기들이 하는 것을 알지 못함이니이다(눅 23:34).

성품과 사역으로서의 온유와 겸손

우리가 일반적으로 성격, 기질, 성품 등의 개념을 뒤섞어 가면서 사용하고 있지만 이 분야를 연구하는 사람들은 이 세 가지를 구별하여 다룹니다. 이 개념들이 영어권에서 비롯되었기 때문에 영어 단어로 비교하지 않을 수 없습니다.

우선 흔히 '기질'이라고 하는 temperament가 있습니다. 타고 나는 것입니다. 창조주 하나님께서 주신 마음의 바탕 같은 것입니다. 흔히 다혈질(sanguine), 점액질(phlegmatic), 담즙질(choleric), 우울질(melancholic) 등 네 가지로 구분하지만, 사실 사람마다 미묘하게 다 다르다고 봐야 할 것입니다. 억제하기도 하고 숨기려도 하지만 죽을 때까지 잘 변하지 않는 마음의 원 자재입니다. 하나님께서 만들어주신 대로 감사하며 받아들여야 합니다. 또한 다른 사람의 기질을 인정할 줄도 알아야 됩니다. 기질에 대해서는 틀린 것이 아니라 다른 것임을 알고 서로 받아 주어야 합니다.

기질을 원 재료로 해서 만들어가는 인격의 산물이 있습니다. 심리 전문가들은 character와 personality를 구별합니다. 이 두 개념의 번역에 혼선이 있습니다. 어떤 이들은 character를 성격, personality를 인격이라고 합니다. 반대로 character를 인격, personality를 성격으로 번역한 사람들도 있습니다. 그래서 번역된 책을 읽을 때는 영어판을 확인해 보셔야 됩니다. 저는 나름대로 고민하다가 character를 성품(인품), personality를 성격으로 정했습니다.

성품(character)은 타고난 기질을 바탕으로 해서 갈고 닦아 형성된 그 사람의 인품입니다. 인격적 가치라고 할 수 있습니다. 하나님께서 최종적으로 평가하시는 우리 인생의 작품으로서의 나 자신의 모습입니다. 이 성품이 바깥으로 드러나 다른 사람들의 눈에 보이는 모습이 성격(personality)입니다.

예수님의 기질은 우리가 함부로 진단할 수 없고 꼭 짚어 정의하기도 쉽지 않습니다. 그러나 예수님께서 '나는 마음이 온유하고 겸손하다'고 하신 것은 성령 충만한 가운데 선언하시는 그분의 의지 천명입니다. 이것은 예수님 자신의 기질을 언급하심이 아닙니다. 그리스도께서 의도적으로 선택하신 성품의 선언입니다. 그렇기 때문에 예수님의 성품은 그분의 사역의 정의(定義)로 봐야 합니다. 수고하고 무거운 짐을 진 사람들을 위한 사역이 그분의 온유와 겸손의 성품이라는 뜻입니다. 그런 의미에서 예수님의 온유와 겸손은 우리의 타고난 기질과 상관없이 한 평생 본받아야만 하는 것입니다.

한 평신도 사역자의 간증에 깊은 인상을 받은 적이 있습니다. 과거에 믿음을 갖기 전에 많이 반기독교적이고 까다로운 사람이었는데 교회의 교제 속에서 사랑을 체험하고 변화되었습니다. 섬김의 삶을 결단하는 '선택'과 하나님께서 맡기신 일을 감사로 책임지려는 '위임 받음'의 자세로, 사실은 보고 싶지도 않을 정도로 힘든 사람들을 의도적으로 받아주고 참아주고 기다려 주고 너그럽게 하다 보니 저절로 성령의 열매가 맺히더라는 간증이었습니다. 선택과 위임으로 살다 보니 사랑의 모습으로 겸손하고 온유해 지더라는 것입니다.

온유한 자의 기업, 하나님 나라

온유함은 약한 것이 아닙니다. 온유하고 부드러운 것이 오히려 강하고 조급한 것을 이깁니다. 온유한 사람을 하나님께서 책임져 주시기 때문입니다. 모세가 구스 여자를 취했을 때 미리암과 아론이 모세를 비방하면서 공격했습니다. 모세는 그 비방에 아무런 반응도 보이지 않았습니다. 그런데 하나님께서 직접 미리암과 아론을 처벌하시고 모세를 지켜주셨습니다. 그 이유입니다.

이 사람 모세는 온유함이 지면의 모든 사람보다 더하더라(민 12:3).

모세가 자기 방어를 하지 않는 온유함을 택했을 때 하나님께서 직접 공의를 행사하신 것입니다.

하나님께서 모든 온유한 자를 구원하려고 일어나신다고 하셨습니다(시 76:9). 온유한 자에게 하나님 나라의 약속이 있습니다.

> 온유한 자는 복이 있나니 저희가 땅을 기업으로 받을 것임이요(마 5:5).

> 온유한 자들은 땅을 차지하며 풍성한 화평으로 즐거워하리로다(시 37:11).

'땅'은 지파에게 주어진 기업(분깃)의 이미지로서 하나님 나라의 약속을 상징합니다. 예수님의 온유하심은 하나님 나라를 기업으로 받으시는 약속의 근거입니다.
예수님의 온유와 겸손 선택은 고난과 대속의 십자가의 죽음에서 절정을 이루게 됩니다.

> 인자가 온 것은 섬김을 받으려 함이 아니라 도리어 섬기려 하고 자기 목숨을 많은 사람의 대속물로 주려 함이니라(막 10:45).

> 그가 곤욕을 당하여 괴로울 때에도 그의 입을 열지 아니하였음이여 마치 도수장으로 끌려가는 어린 양과 털 깎는 자 앞에서 잠잠한 양 같이 그의 입을 열지 아니하였도다(사 53:7).

그래서 하나님께서는 예수님에게 하나님 나라를 기업으로 주셨습니다.

여호와께서 그에게 상함을 받게 하시기를 원하사 질고를 당하게 하셨은즉 그의 영혼을 속건 제물로 드리기에 이르면 그가 씨를 보게 되며 그의 날은 길 것이요 또 그의 손으로 여호와께서 기뻐하시는 뜻을 성취하리로다(사 53:10).

예수님에게 온유는 선택의 성품이며 하나님 나라 땅의 사역이었습니다.

내가 붙드는 나의 종, 내 마음에 기뻐하는 자 곧 내가 택한 사람을 보라 … 그는 외치지 아니하며 목소리를 높이지 아니하며 … 상한 갈대를 꺾지 아니하며 꺼져가는 등불을 끄지 아니하고 진실로 정의를 시행할 것이며 그는 쇠하지 아니하며 낙담하지 아니하고 세상에 정의를 세우기에 이르니 섬들이 그 교훈을 앙망하리라(사 42:1-4).

그리스도께서는 온유와 겸손을 자신의 성품으로 정의하셨습니다. 그리스도를 본받아 닮아야 하는 우리는 온유와 겸손을 선택하여 헌신해야 됩니다. 그래서 온유와 겸손의 성품은 사역입니다. 온유와 겸손의 선택이 힘들고 어려운 세상에 평화와 쉼을 줄 수 있을 것입니다. 지도자라 하며 나서지만 힘든 세상을 더 힘들게 만드는 사람들이 많습니다. 우리는 혹시라도 그러지 말아야 합니다. 지금은 어느 때보다도 예수님께서 가르치신 대로 섬김의 리더십이 절실한 때입니다. 온유하고 겸손해야 진정한 섬김의 지도자입니다. 온유함은 약함이 아닙니다. 하나님께서 함께 하시는 강함입니다. 온유한 자가 하나님 나라의 열매를 맺습니다.

정리하며 마음에 새기기

(1) 온유와 겸손은 그리스도께서 의도적으로 선택하신 성품입니다. 그렇기 때문에 예수님의 온유하심은 그분의 사역입니다.

(2) 온유함은 약한 것이 아닙니다. 온유하고 부드러운 것이 오히려 강하고 조급한 것을 이깁니다. 온유한 사람을 하나님께서 책임져 주시기 때문입니다.

III.

하나님,
뭐 하시는 분인가?

09. 창조주: 좋아하시는 하나님을 위하여
10. 거룩: 거룩함은 어렵지 않아요
11. 사랑: 하나님이 세상을 이처럼 사랑하사
12. 하나님 나라: 왜 사냐고 묻거든 …

09. 창조주

좋아하시는 하나님을 위하여

'동방신기'가 아니라 하나님입니다
알파고를 만든 하사비스가 있듯이 …
내가 소중한 진짜 이유
나는 정말 소중하니까 …

무지한 말로 생각을 어둡게 하는 자가 누구냐? 너는 대장부처럼 허리를 묶고 내가 네게 묻는 것을 대답할지니라. 내가 땅의 기초를 놓을 때에 네가 어디 있었느냐? 네가 깨달아 알았거든 말할지니라. 누가 그것의 도량법을 정하였었는지, 누가 그줄을 그것의 위에 띄웠는지 네가 아느냐? 그것의 주추는 무엇위에 세웠으며 그 모퉁잇돌을 누가 놓았느냐? … 가슴 속의 지혜는 누가 준 것이냐? 수탉에게 슬기를 준 자가 누구냐? 누가 지혜로 구름의 수를세겠느냐? 누가 하늘의 물주머니를 기울이겠느냐?(욥 38:2-6, 36-37).

지금 이런 말을 듣는 욥은 나쁜 사람이 아닙니다. 하나님께서 최고의 평가로 인정한 의인입니다. 그런데 이유 모를 고난을 겪는 중 친구들이 찾아와 설교를 하며 속을 뒤집어 놓으니까 자기 자신을 변명하면서 하나님을 원망하기 시작하였는데, 그 때 하나님께서 욥에게 하신 말씀입니다. 하나님은 창조주이십니다.

'동방신기'가 아니라 하나님입니다

우주가 어떻게 생겨났는가를 밝히려는 우주의 기원으로 가장 지지를 많이 받는 학설은 소위 '빅뱅'(대폭발) 가설입니다. 이는 우주가 알 수 없는 큰 폭발로 시작되었고 현재의 우주도 계속 팽창하고 있다는 주장입니다. 그렇다면 그 '빅뱅'

이전에 무엇이 있었나요? 전 세계 어떤 과학자도 유구무언이 되는 이 어려운 질문에 한국의 물리학자 김상욱 부산대학교 교수가 아주 명쾌한 답변을 했습니다.

빅뱅 이전에는 동방신기가 있었다.

우주의 기원에 대해서는 명쾌한 답을 내어 놓는 것이 불가능하고 이런 농담밖에는 할 수 없는 것이 인간의 한계입니다. 하나님께서는 욥에게 이런 한계를 깨우쳐 주신 것입니다.

그러나 우리는 그 답을 잘 알고 있습니다. 이 세상 이전에, 동방신기가 아니라 하나님이 계셨습니다.

창세로부터 그의 보이지 아니하는 것들 곧 그의 영원하신 능력과 신성이 그가 만드신 만물에 분명히 보여 알려졌나니 그러므로 그들이 핑계하지 못할지니라(롬 1:20).

자세히 들여다보면 하나님을 느낄 수 있습니다.

지구는 23시간 56분 4.091초의 주기로 자전하고 있으며 그 축은 북극과 남극을 잇는 보이지 않는 선입니다. 그러니까 자전 속도는 시속 1660km 정도입니다. 또한 지구는 태양 주위를 365.2564 일의 주기로 공전하고 있습니다. 공전 속도는 시속 10만7천1백60 km, 그러니까 초속 30 km 정도입니다. 지금 '째깍' 하는 사이에 지구는 400 미터를 회전하면서 30 km를 날아가고 있습니다. 그런데 그 지구 위에 있는 우리는 전혀 어지러움을 느끼거나 멀미를 하지 않습니다. 그리고 공전과 자전의 정확성 때문에 연월일시를 정확하게 가늠하면서 살고 있습니다.

 이렇게 정밀한 기계가 우연히 생겨났다고 주장하는 것은 유리 조각, 색소, 쇳덩어리, 플라스틱 조각 몇 개를 우유병에 넣고 한참 흔들고 나니 롤렉스 시계가 튀어 나왔다고 우기는 황당함 같습니다. 고도의 지성을 가진 창조주를 상정하지 않고는 이 세계의 존재를 설명할 다른 길이 없습니다. 하나님께서 만드셨습니다.

알파고를 만든 하사비스가 있듯이 …

 천재 바둑 기사를 이긴 인공 지능 게임기 알파고는 1202개의 초고성능 CPU와 176개의 그래픽처리장치(GPU)를 작동시켜서 생각을 합니다. CPU 한 개당 1초에 1천회 이상의 시뮬레이션을 하는데, 바둑의 실전을 기록하고 있는 기보 16만 건을 데이터로 해서 5개월간 매일 3만 번의 실전 경험을 쌓는 내부 학습을 거쳤습니다. 사람의 정보 처리 능력을 모방해서 만들어낸 것인데 200여명의 어마어마한 기술자들이 달라붙어 짜낸 하드웨어와 소프트웨어입니다.

 그러나 알파고가 승리를 거두고 나서 기쁨의 만세를 부른 것은 알파고 자신이 아니라 알파고를 만든 하사비스(Demis Hassabis)였습니다. 그렇습니다. 인간 바둑 천재를 이길 수 있는 추론과 전략 판단을 하는 엄청난 지능 기계이지만 그것을 만든 사람, 창조자가 있었습니다. 이 알파고가 우연히 생겨났다고 믿는 사람이 있으면 제 정신이 아닌 것입니다.

알파고가 그 일부를 모방한 사람의 뇌에 대해 지금까지 밝혀진 사실들 몇 가지만 살펴봅니다. 인간 뇌는 대략 1.3kg 정도인데 그 안에 860억 개의 세포가 있습니다. 뇌의 신경단위인 뉴론(neuron) 하나는 평균 4만개의 염색체 접합(synapsis)과 연결되어 있는데 모래알만한 크기의 뇌 티슈에 10만 개의 뉴론이 담겨 있어 10억 개의 시냅시스와 계속 소통합니다. 뇌 속에는 1만 종류의 다른 뉴론이 있습니다. 그 안에서 전달되는 정보는 시속 416km의 속도로 이동하며 1초마다 10만 개 이상의 화학 반응이 일어나고 있습니다. 그래서 보통의 뇌는 하루에 대략 5만 개의 생각을 합니다.

인공 지능이 다 따라가려면 아직도 한참 멀리 앞서가고 있는 이 복잡하고 정교한 인간 뇌를 갖고 있는 인간이 우연히 아메바에서 진화되었다고 생각하는 사람이 있다면 그는 우선 알파고가 물질끼리 부딪히다가 우연히 뻥튀기처럼 튀어나왔다고 증명해야만 됩니다. 있을 수 없는 일입니다. 알파고를 만든 사람이 당연히 있듯이 그보다 더 정교하고 복잡하게 신비한 사람은 그 고도의 정보 능력을 지닌 창조주 없이 그 존재의 발생을 설명할 수 없습니다.

정직하게 열린 마음으로 우주와 세계와 인간 속을 들여다보면 이런 고백이 나오게 되어 있습니다.

하늘이 하나님의 영광을 선포하고 궁창이 그의 손으로 하신 일을 나타내는도다. 날은 날에게 말하고 밤은 밤에게 지식을 전하니 언어도 없고 말씀도 없으며 들리는 소리도 없으나 그의 소리가 온 땅에 통하고 그의 말씀이 세상 끝까지 이르도다(시 19:1-4).

이 세계와 나 자신의 존재에 대한 합당한 결론은 딱 한 가지뿐입니다. 성경 전체의 첫 문장입니다.

베레쉬트 바라 엘로힘 에트 하샤마임 베에트 하아레츠 (בְּרֵאשִׁית בָּרָא אֱלֹהִים אֵת הַשָּׁמַיִם וְאֵת הָאָרֶץ).
태초에 하나님이 천지를 창조하시니라(창 1:1).

하나님은 우주와 세계, 그리고 나를 만드신 분이십니다. 하나님은, 창조주 하나님이십니다.

인생의 목적은 인간이 정의할 수 없습니다

하나님께서 창조주이시고 나는 그분이 만드신 피조물이라면 나의 인생(人生)의 목적이 무엇일까요? '인생의 목적'을 검색어로 해서 인터넷에서 많은 글들을 찾아봤습니다. 뚜렷한 답이 없던 중, 좋은 내용이 많이 인용되어 있어 괜찮을 글을 하나 찾아 읽어 내려갔습니다. 그런데 '인생의 목적'을 찾으려는 나의 기대는 그 마지막 문장을 읽고 나서 허망하게 무너져 내렸습니다. 그 멋진 글의 결론입니다.

그래서 인생의 목적은 이렇게 정의하기 힘든 것이다.

그런데 가만히 생각해 보니 인생의 목적을 스스로 찾으려는 인간의 탐구 결론은 정직하게 이것밖에 없다는 깨달음이 왔습니다. 피조물, 즉 모든 만들어진 것들은 스스로 자신의 존재 목적을 정의할 수 없습니다. 모든 만들어진 것들의 목적은 그것을 구상하여 만든 사람이 정의합니다. 기계도, 음식도, 책도, 지금 제가 사용하고 있는 컴퓨터도 다 마찬가지입니다. 그런데 많이 특별하기는 하지만 인간은 피조물입니다. 가늠하기 힘들 정도로 똑똑하지만 인간은 만들어진 피조물이지 스스로 있는 존재가 아닙니다. 그래서 사람이 자기 존재의 목적을 스스로 정의하는 것은 아무리 노력해도 가능하지 않고 오히려 우습기 짝이 없이 주제 넘은 일입니다.

인간은 피조물입니다. 나는 피조물입니다. 피조물이면 피조물답게 살아야 합니다. 피조물이 창조주인 것으로 착각해서 자기가 자기의 의미를 부여 하려고 하지 마십시오. 지혜로운 것도 아니고 가능하지도 않습니다. 우리 삶의 의미는 만드신 창조주가 부여하는 것이지 철학과 문학이나 예술이 만들어 내서 갖다 붙이는 것이 아닙니다. 우리가 스스로 만들어낸 인간 삶의 의미는 '허구'(fiction)이지 '사실'(fact)이 아닙니다. '픽션'으로 살면 안 됩니다.

하나님께서 사람을 만드시고 나서 주신 첫째 계명입니다. 인간이 존재하는 한 인간 창조의 목적, 그래서 인생의 의미는 창조주께서 하신 이 말씀입니다.

하나님이 그들에게 복을 주시며 하나님이 그들에게 이르시되 생육하고 번성하여 땅에 충만하라, 땅을 정복하라, 바다의 물고기와 하늘의 새와 땅에 움직이는 모든 생물을 다스리라 하시니라(창 1:28).

우리를 만들기 이전에 만드신 세상에서 잘 살면서 세상을 충만하게 하기 위해 리더십을 갖고 잘 관리해서 계속 삶과 문화와 문명을 창조하라는 명령입니다.

이것이 창조주 하나님의 형상대로 만들어진 피조물 인간의 존재 목적입니다. 문화 명령(Cultural Mandate) 또는 '창조 명령'이라고 합니다. 우선 하나님께서 주시는 은혜(복)를 받아야 합니다. 그리고 행복하게 잘 살기 위해 구하고 찾고 두드리며 더 아름다운 세상을 만들어가는 것입니다. 이것이 피조물 인간의 인생 목적입니다.

하나님께서 세상을 만드시는 매 순간마다 좋다고 하셨습니다. "하나님이 보시기에 좋았더라"(창 1:18, 21, 25). 창세기 1장에 '좋다'는 말이 일곱 번 등장합니다. 그리고 마지막에 사람까지 만드시고 모든 것을 완성하신 뒤에는 그 만족스러움의 탄성이 크게 부각됩니다.

하나님이 지으신 그 모든 것을 보시니 보시기에 심히 좋았더라(1:31).

피조물의 존재 목적은 하나님께서 좋아하시도록 그분의

기쁨이 되는 것입니다. 사람도 피조물입니다. 그래서 우리는 인생의 목적을 '하나님께 영광을 돌리는 것'이라고 합니다. 우리가 '문화 명령'을 따라 잘 살면서 창조를 계속할 때 하나님께서는 심히 좋아하십니다. 하나님께 영광입니다. 그것이 우리에게 행복이며 의미입니다. 복잡하게 고민하기 전에 우선 창조주 하나님 앞에서 행복하게 잘 사십시오. 그래서 행복은 권리가 아니라 의무입니다.

> **정리하며 마음에 새기기**
>
> (1) 이렇게 정밀한 세계가 우연히 생겨났다고 주장하는 것은 물건 몇 가지를 우유병에 넣고 한참 흔들고 나니 롤렉스 시계가 튀어 나왔다고 우기는 황당함 같습니다.
>
> (2) 모든 피조물의 존재 목적은 그것을 만든 사람이 정의합니다. 그렇듯이 인생의 목적은 사람이 정의할 수 없습니다. 사람은 특별하지만 그래도 피조물이기 때문입니다.

10. 거룩
거룩함은 어렵지 않아요

하나님의 본질, '거룩'
너희도 거룩할지어다
예수님과 바리새인 중 누가 더 거룩?
거룩함은 별난 것이 아닙니다.
거룩함은 쉬워요

하나님의 본질, '거룩'

하나님은 거룩하신 분입니다. '거룩함'이란 개념 자체가 하나님에게서 나온 것입니다. '캐도쉬 이스라엘'(קְדוֹשׁ יִשְׂרָאֵל)은 '이스라엘의 거룩한 자(이)'라는 뜻입니다. 이사야서에서만 20번 나오는바 하나님을 가리키는 말입니다. '왕', '아버지', '목자' 등의 인간적 유추를 사용하지 않고 표현할 수 있는 하나님은, 그냥 '캐도쉬', 거룩한 분이라는 것뿐입니다. 하나님의 존재가 거룩함입니다. 하나님의 본질이 거룩함입니다. 이사야가 환상 중에 높은 보좌 위에 하나님께서 앉아계신 것을 보았는데 설명할 길이 따로 없었습니다. 스랍들의 찬양 외에는 달리 묘사할 길이 없습니다.

거룩하다, 거룩하다, 거룩하다(사 6:3).

하나님의 모습은 그냥 '거룩'입니다. 거룩함은 하나님 자신 됨(his very selfhood)입니다.
거룩(카도쉬)이란 말의 어원적 의미는 '구별', 그리고 '밝음'입니다. 거룩함은 '구별됨'입니다. 죄악된 것과 조금도 섞이지 않는 '초월성'을 가리킵니다. '밝음'은, 더럽고 어두운 것이 없는 '순수함'과 '깨끗함'의 뜻입니다. 죄가 없는 상태입니다. 어둡고 왜곡되어 비뚤어진 것이 없는 '온전함'입니다. 그래서 '영광'(榮光)입니다. 밝은 빛입니다.

온갖 좋은 은사와 온전한 선물이 다 위로부터 빛들의 아버지께로부터 내려오나니 그는 변함도 없으시고 회전하는 그림자도 없으시니라(약 1:17).

너희도 거룩할지어다

그런데 거룩하신 하나님은 사람과 상관없는 비정(非情)한 '원리'나 '법칙'이 아닙니다. 자신의 피조 세계에 사랑의 관심을 품고 깊은 인격적 관계를 맺는 하나님이십니다. 특히 사람을 자신의 '형상'대로 만드셔서 창조주 하나님의 마음과 성품이 반영되게 하셨습니다.

인간이 죄를 지어 피조 세계가 망가진 뒤 회복을 위해 아브라함을 불러내 하나님의 친 백성을 만드시고 강력하고 간절하게 명령하셨습니다.

나는 너희의 하나님이 되려고 너희를 애굽 땅에서 인도하여 낸 여호와라. 내가 거룩하니 너희도 거룩할지어다(레 11:45).

이것이 하나님 마음입니다. 하나님의 소원입니다. 사도 베드로도 그런 하나님 마음을 다시 우리에게 확인시켜 줍니다.

오직 너희를 부르신 거룩한 이처럼 너희도 모든 행실에 거룩한 자가 되라. 기록되었으되 내가 거룩하니 너희도 거룩할지어다 하셨느니라(벧전 1:15-16).

하나님 마음은 알겠는데, 많이 부담스럽습니다. 우리를 향한 기대치가 너무 높은 것 같습니다.

내가 거룩하니 너희도 거룩하라.

어떻하나요? 빈말이 아닙니다. 농담은 더욱 아닙니다. 진지하십니다. 간절하십니다. 그런데 부담스럽습니다. 우리가 어떻게 거룩할 수 있을까요? 이런 부담과 고민은 우리의 거룩함이 무엇인지 제대로 이해하지 못한데서 비롯됩니다.

먼저 '우리의 거룩함'이 아닌 것을 이해할 필요가 있습니다. '하나님이 거룩하니 너희도 거룩하라'는 명령은 우리의 본질이 하나님처럼 되라는 뜻이 아닙니다. 우리가 인성을 벗어버리고 신성을 지닌 신선이나 신 같은 존재가 되라는 말씀이 아닙니다. 인간이 본질을 바꿔 하나님처럼 되려는 것은 오히려 심각한 죄입니다. 아담과 하와의 죄였습니다.

너희가 그것을 먹는 날에는 너희 눈이 밝아져 하나님과 같이 되어 선악을 알 줄 하나님이 아심이니라(창 3:5).

이것은 거룩함이 아니라, 자기 우상화 또는 자기 신비화입니다. 본질이 하나님처럼 되려고 하나님 코스프레를 하는 것은 거룩함이 아니라 큰 죄입니다.

예수님과 바리새인 중 누가 더 거룩?

퀴즈입니다. 예수님과 바리새인 중 누가 더 거룩한가요? 바리새인의 모습과 예수님의 모습을 성경에 나와 있는 대로 묘사하겠습니다. 누가 더 거룩한지 비교해 보십시오.

바리새인: 성경을 많이 알고 인용을 잘 합니다. 안식일을 정확하고 안전하게 지킵니다. 십일조를 정밀하게 합니다. 사람들이 많이 모인 곳에서도 부끄러워하지 않고 손을 높이 들고 기도합니다. 일주일에 세 번씩 금식합니다. 점잖지 못한 사람들과 어울리지 않습니다. 옷 술이 긴 경건한 복장을 하고 성경 구절을 담은 경문을 차고 다닙니다. 음식을 먹기 전에 매번 손을 씻습니다. 율법을 잘 지키려고 성경 이상으로 더 안전한 규정을 많이 만들어 울타리를 칩니다. 사람들이 존경하여 랍비라 칭함을 받고 길에서 인사와 문안을 많이 받습니다.

예수님: 성경을 직접 인용하는 경우는 드물고 재미있는 이야기를 많이 하십니다. 어느 콩가루 집안의 못 된 아들들, 강도당한 사람, 씨 뿌리는 농부, 포도원, 먼 길 떠난 주인과 돈 맡은 종, 결혼식 장면 등의 세속적인 얘기를 많이 합니다. '눈에 박힌 들보' 같이 개그 같은 농담을 자주 하십니다. 같이 다니는 사람들이 안식일에 밀 이삭을 까먹기도 합니다. 세리나 죄인 등과 같이 질 좋지 않은

사람들과 같이 먹기를 좋아해서 '먹보요 술꾼'이라는 비난을 듣습니다. 주변이 늘 시끄럽고, 아이들과 여인들이 달라붙어 시장바닥 같습니다. 거룩한 성전 뜰에서 채찍을 들고 폭력을 써서 거룩한 제물을 파는 사람들과 환전상들을 내쫓았습니다. 사람들의 존경을 받는 바리새인들에게 '독사의 자식들'이라는 막말을 하고 헤롯 가문을 향해서는 '여우'라는 모욕적 발언으로 돌직구를 날립니다.

그런데 바리새인과 예수님 중 누가 더 거룩한가요? 분명히 예수님인데 … 여기에 우리의 편견이 있습니다. 거룩함은 하나님을 코스프레 하는 행위가 아닙니다. 바리새인은 하나님을 코스프레 하는데 신경을 쓰면서 외모와 형태의 거룩함을 자부했습니다. 그러나 이것은 하나님께서 사람에게 원하시는 거룩함이 아니었습니다. 혹시, 잠깐이라도 바리새인이 더 거룩한 것 같다는 느낌이 들었다면 우리도 '거짓된 거룩함'에 세뇌되어 있는 것입니다.

우리의 거룩함은 하나님을 흉내 내서 하나님처럼 되는 것이 아니고 하나님께서 우리를 만드실 때 의도하셨던 사람다운 참 사람이 되는 것입니다. 이것이 하나님의 거룩하심과 우리에게 요구되는 인간 거룩함의 질량적 차이입니다.

거룩함은 별난 것이 아닙니다.

요즘 사람들은 '거룩'이란 말만 들어도 불편해 하는 경향이 있습니다. '거룩함'을 보통 사람과는 거리가 먼 별나고 특수한 것으로 보기 때문입니다. 그러나 우리에게 요구되는 거룩함은 그렇게 일상과 거리가 먼 이상한 특질이 아닙니다. 하나님께서 우리에게 요구하시는 거룩함은 지극히 정상적으로 사는 것을 뜻합니다.

하나님의 뜻은 이것이니 너희의 거룩함이라. 곧 음란을 버리고 각각 거룩함과 존귀함으로 자기의 아내 대할 줄을 알고 하나님을 모르는 이방인과 같이 색욕을 따르지 말고 이 일에 분수를 넘어서 형제를 해하지 말라(살전 4:3-6a).

우리에게 거룩함을 명령하는 이 말씀의 주제가 무엇인가요? 이는 통념으로 볼 경우 거룩함과는 가장 거리가 먼 것 같은 성(性), 즉 섹스에 대한 것입니다. 아니 섹스에도 거룩함이 있단 말인가요? 네 그렇습니다.

하나님께서 창조하신 '성'은 거룩합니다. 그렇지만 거룩한 섹스가 있고 거룩하지 못한 섹스가 있습니다. 이 권면의 뜻입니다.

다른 사람 아닌 자기 아내와 사랑하여 몸을 섞는 것이 거룩함입니다. 이방인처럼 색욕에 빠져 나쁜 짓을 하지 마십시오. 하나님께서 허락하신 아름다운 성의 분수를 넘어서 동성(同性)의 다른 남자에게 해를 가하는 이상한 성 행위를 하지 마십시오.

여기서 성(性)은 '거룩함'입니다. 잠자리를 멀리하는 것이 거룩한 것이 아니라 아내와 잠자리를 같이 하는 것이 거룩한 것입니다. 남편과 아내가 침실에서 사랑하는 것이 거룩한 일입니다. 하나님께서 창조하신 성은 아름답고 거룩한 것입니다.
거룩함은 이상한 것이 아니라는 말씀입니다. 별난 것도 아닙니다. 거룩함은 지극히 일상적인 것입니다. 무엇이 거룩하지 않은가요? 정상이 아닌 것이 거룩하지 않은 것입니다. 성욕이 거룩하지 않은 것이 아닙니다. 성욕은 하나님의 창조로서 거룩한 것입니다.
그러나 '색욕'이라고 번역된 '파토스 에피쑤미아스'(πάθος ἐπιθυμίας), 즉 과도하여 분을 넘어서는 탐욕의 추구가 거룩하지 못한 것입니다. 동성(同性)을 찾거나 배우자 아닌 사람에게서 성욕을 충족시키는 것이 거룩하지 못한 것입니다.

거룩함은 쉬워요

우리에게 '거룩함'은 무엇인가요? 지극히 정상적인 것이 거룩한 것입니다. 거룩함은 꼼짝하지 않고 부동자세로 서 있는 것이 아닙니다. 도 닦는 것도 아닙니다. 거룩함은 그냥 하나님께서 의도하셨던 대로 진실하게 정상으로 유쾌하게 사는 것입니다. 거룩함은 우리의 몸을 잘 사용해서 하나님께 영광을 돌리며 즐거워하는 것입니다. 마음과 행실이 정상이면 되는 것입니다. 이상한 짓 하지 않고 사랑과 진실을 품고 바로 살면 그것이 '거룩함'입니다. 그냥 정상이면 됩니다!

거룩하신 하나님께서 말씀하십니다. "내가 거룩하니 너희도 거룩할지어다." 그리고 우리 죄를 위하여 예수님을 보내어 십자가에서 죽게 하시고 성령을 주셔서 친히 우리를 거룩하게 하십니다. 그래서 우리가 '하기오이'(ἅγιοι), 즉 '거룩한 사람들'이라는 뜻의 성도(聖徒)가 되었습니다. 고린도 교인들 같이 한심한 사람들도 예수 그리스도 안에서, 인간에게 붙일 수 있는 최고의 극존칭인 '하기오이'(성도, saints)라 불리게 되었습니다 (고전 1:2).

거룩함은 어려운 것이 아닙니다. 거룩함은 정상적인 것이고 쉬우며 가볍습니다.

내 멍에는 쉽고 내 짐은 가벼움이라(마 11:30).

우리는 그저 예수 그리스도 안에서 자신을 하나님의 제단 위에 산 제물로 드리면 됩니다.

그러므로 형제들아 내가 하나님의 모든 자비하심으로 너희를 권하노니 너희 몸을 하나님이 기뻐하시는 거룩한 산 제물로 드리라. 이는 너희가 드릴 영적 예배니라(롬 12:1).

하나님께서 친히 거룩하게 하셔서 받으십니다. 거룩하신 하나님, 이 몸을 받아 주시옵소서.

> **정리하며 마음에 새기기**
>
> (1) 우리의 거룩함은 하나님을 흉내내서 하나님처럼 되는 것이 아니고 하나님께서 우리를 만드실 때 의도하셨던 사람다운 참 사람이 되는 것입니다.
> (2) 거룩함은 어려운 것이 아닙니다. 거룩함은 정상적인 것이고 쉬우며 가볍습니다.

11. 사랑

하나님이 세상을 이처럼 사랑하사

하나님이
세상을 이처럼 사랑하사
독생자를 주셨으니

기독교에서 성경을 대표하는 구절 하나를 들라면 요한복음 3장 16절을 말합니다.

하나님이 세상을 이처럼 사랑하사 독생자를 주셨으니 이는 그를 믿는 자마다 멸망하지 않고 영생을 얻게 하려 하심이라.

그런데 제가 신학대학원을 졸업한 이후 약 25년 동안, 수없이 이런 저런 상황에서 암송하여 인용하면서 뜻밖에 단 한 번도 이 말씀을 공 예배 때의 설교 주 본문으로 삼았던 적이 없었음을 최근 깨닫게 되었습니다. 아마 너무 당연하게 여기다 보니 그저 신학과 신앙의 전제처럼 취급되었던 것 같습니다. 사실은 가장 근본적이고 심오한 메시지가 여기에 있습니다. 이 말씀을 묵상해 봅니다.

| 하나님이

하나님이 이 문장의 주어이십니다. 이 문장의 주어만이 아닙니다. 하나님은 모든 것의 주어이십니다. 모든 존재의 주어이십니다(창 1:1). 시간과 공간, 그리고 모든 영적인 것과 물질적인 것이 다 그분에게서 비롯되었습니다(엡 4:6). 당연히 저와 여러분의 주어이십니다. 나를 만드셨고 내게 생명을 주셨고 모든 것이 그분에게서 왔습니다. 사람이 아무리 큰소리를 치고 악을 써도 하나님이 거두어 가시면 그냥 소리도 움직임도 없이 아무것도 아닙니다.

하나님이 역사의 주어이십니다.

나는 알파와 오메가라 이제도 있고 전에도 있었고 장차 올 자요 전능한 자라 하시더라(계 1:8).

그러니 하나님은 내 인생의 주어이십니다. 모든 것이 하나님께 달려 있습니다.

사람의 마음에는 많은 계획이 있어도 오직 여호와의 뜻만이 완전히 서리라(잠 19:21).

사람이 마음으로 자기의 길을 계획할지라도 그의 걸음을 인도하시는 이는 여호와시니라(잠 16:9).

교회의 주어는 무엇일까요? 목사도 당회도, 교인들도 아닙니다. 그런데 요즘 교회의 주어는 '교회 안 다니는 사람들'인 것 같습니다. 언론이 교회의 주어가 되었습니다. 교회 싫어하는 사람들이 교회의 주어인 것 같아요. 교회에게 '이래라 저래라' 주장하는 사람들은 교회를 사랑하는 사람들이 아니고 교회를 조롱하는 인문학자들, 하나님을 조롱하는 불신자들, 심지어 무신론자 수령 동지까지 교회의 주어가 되어서 감 놔라 배 놔라 하니 … .

세상에서는 워낙 교회에 다양한 요구가 많아서 불편했습니다. 우리 속담에 '어느 장단에 춤을 춰야 할지 모르겠다'는 말이 있습니다. 우리의 어려움은 자기에게 맞춰 달라고 아우

성치는 장단이 세상으로부터 너무 많다는데 있습니다. 사람마다 기호(嗜好)와 취향이 어쩌면 그렇게 다른지 모르겠는데 대개는 다른 사람들도 자신과 같은 느낌을 갖고 있을 것이라는 막연한 고집조차 내려놓지 않습니다. 어떻게 해야 될까요?

하나님께서는 우리에게 "그냥 내 장단에 맞춰 춤춰라"고 말씀하십니다. 세상 눈치를 보며 온갖 장단에 다 맞추려 하다가 지금 이 모양이 되었다고 하십니다. 교회의 지휘자는 하나님이십니다. 교회의 주어도 하나님이십니다. 하나님이 교회를 세우셨습니다. 교회는 하나님의 뜻을 알아서 하나님이 원하시는 것을 해야 됩니다. 종교개혁 500주년을 넘기는 교회의 주어는 분명히 하나님이십니다. 주어이신 하나님이 무슨 일을 하셨나요?

세상을 이처럼 사랑하사

하나님이 하신 일은 사랑이었습니다. 하나님이 세상을 사랑하십니다. 그런데 가만히 생각해 봤습니다. 하나님의 세상 사랑은 결코 당연한 것이 아니었습니다. 너무나 예쁘고 착하고 의롭고 거룩하고 그래서 사랑스러우면 사랑하는 것이 당연하지요. 그런데 세상이 그렇지 않더군요. 전혀 사랑스럽지 않았습니다.

세상은 가인의 후예들로 가득 차 있었습니다. 분노가 치솟아 오를 정도로 못됐습니다. 객관적으로 볼 때 이 세상과 세상 사람들이 사랑스러운가요? 뉴스를 들어보십시오. 신문 읽어 보세요. 주변에서 발생하고 있는 일들이 얼마나 거룩하고 의롭고 사랑스럽던가요? 전혀 그렇지 못합니다. 너도 나도 '못된 세상'이라는 점에는 합의가 이뤄지는 것 같습니다. 지긋지긋하다고들 합니다. 신물이 날 지경입니다. 세상은 전혀 사랑스럽지 않은 밉상입니다.

그렇게 한탄하며 비판하는 나 자신을 보는 주관적 관점에서는 어떠한가요? 겸손하고 정직하게 들여다본 나 자신 말입니다. 도대체 왜 이렇게 생겨먹었는지 모르겠습니다. 옳은 것이 뭔지 아는데 하지 않습니다. 하지 말아야 할 일인 것을 아는데 거기서 헤어 나오지 못하고 개가 토한 것을 다시 먹듯이 반복합니다(롬 7:15-25). 진실하지 못하며 다른 사람들이 나를 보고 있는 것과는 너무도 다른 위선적인 진짜 내가 밉습니다.

정말 지겹게도 하나님 말씀을 안 듣고 자기 하고 싶은 대로만 하는 목이 곧고 악하고 더럽고 불결하고 추하고 치사한 존재들입니다. 벌을 받아야 마땅한 것들입니다. 그래서 세상에게 당연한 것은 사랑이 아니라 심판입니다. 하나님과 세상의 관계에서 당연한 것은 사랑이 아니라 공의의 심판입니다.

그런데 심판이 당연한 세상을 하나님은 오히려 사랑하신 것입니다. 세상은 예수님의 비유 속에 나오는 집 나간 둘째 아들 같습니다(눅 15:11-32). 아버지가 버젓이 살아 계신데 자기 몫의 재산을 달라고 요구했습니다. 당시 유대의 상속법 상 있을 수 없는 일입니다. 살아 계신 아버지를 죽은 존재 취급을 하는 모욕입니다. 살아 있는 아버지에게 자기 몫의 재산을 얘기할 수 있는 근거는 전혀 없습니다. 이는 아버지가 필요 없다는 선언이고 자기 몫을 내 놓으라는 것은 사실상 아버지의 것을 갈취하는 일입니다.

그렇게 재산을 빼앗아 나가서 그것을 창기에게 다 써 버린 것이 둘째 아들입니다. 아버지 망신 다 시킨 뻔뻔스러운 후레자식입니다. 사랑받을 자격이 전혀 없습니다. 곤장을 쳐 옥에 넣어야 마땅한 못된 자식입니다. 그러니까 둘째 아들은 심판의 대상이었지 사랑을 받을 자격이 전혀 없었습니다. 그런데 아버지는 자존심, 권위, 정의의 원칙을 다 내려놓고, 큰 아들의 원망을 받아 가면서까지 둘째아들을 그 꼴 그대로 받아 주셨습니다. 이것이 하나님이 세상을 사랑하신 사랑입니다.

예수님의 또 다른 비유를 들자면, 주인에게 1만 달란트를 탕감(蕩減) 받은 종이 입은 은혜와 같습니다(마 18:23-35). 1만 달란트는 요즘 한화로 환산하면 대략 20조 원 정도의 가치를 지닙니다. 도저히 갚을 수 없는 액수의 빚입니다. 가족과 자신을 다 팔아도 갚을 수 없습니다. 일반 개인에게는 변제 불가의 천문학적 가치의 빚입니다. 그런데 그것을 '없던 일로 하자'며 그냥 탕감하기로 해 주는 터무니없는 결정이 하나님이 세상을 사랑하는 사랑입니다.

이처럼 하나님의 사랑은 당연한 것이 아니었습니다. 도저히 사랑받을 수 없는 사람들을 사랑하기로 결정한 그런 사랑이었습니다.

하나님이 세상을 이처럼 사랑하사 …

그것은 너무 사랑스러워 사랑하지 않을 수 없었던 사람들을 사랑하신 일이 아닙니다. 그 사랑은 전혀 사랑스럽지 않은 사람들을 향한 은혜와 자비의 사랑입니다.

우리가 아직 죄인 되었을 때에 그리스도께서 우리를 위하여 죽으심으로 하나님이 우리에 대한 자기의 사랑을 확증하셨느니라 (롬 5:8).

하나님은 우리가 죽을 죄인이었을 때, 정말 밉상일 때 사랑하셨습니다. 심판받아야 마땅한 세상을 사랑하신 것입니다.

독생자를 주셨으니

많은 사람에게 감동과 웃음을 주었던 드라마 〈응답하라 1988〉에서, 아버지가 일찍 돌아가시고 엄마와 동생과 어려운 삶을 살아가지만 기특하게 잘 자라고 공부도 잘하는 선우는 정말 착한 효자입니다. 엄마는 자신에게 더 좋은 운동화를 사주기 위해 어린 동생을 옆집 아저씨에게 돌보게 하고 몰래 목욕탕 청소를 하고 있습니다. 고생하는 엄마 때문에 마음 아프고 속상해 하는 그에게 여자 친구 보라가 정곡을 찌르는 말을 합니다.

누군가를 사랑한다는 것, 그냥 주고 싶은 넉넉함이 아니라

꼭 줄 수밖에 없는 절실함인거야 … ,

오직 아들 생각만 하여 자기 아픈 것도 부끄러운 것도 전혀 고려가 되지 않는 절실함이 바로 어머니의 사랑입니다.
이 드라마에서 인용된 유대 격언이 있습니다.

신은 집집마다 다 찾아갈 수가 없어 어머니를 만드셨다.

자식을 위해 무엇이든지 하지 않을 수 없는 절실한 '엄마'의 이런 사랑은 유대 격언에 따르면 그 엄마를 통해서 우리를 사랑하시는 하나님의 사랑입니다.
우리를 사랑하여 꼭 줄 수밖에 없는 절실함은 당신의 외아들을 심판받을 세상에 보내 우리 대신 십자가에 달려 돌아가심으로써 절박한 심판과 죽음의 문제를 해결할 수밖에 없는 그런 절실함이었습니다. 사람이 멸망과 심판의 길에서 벗어날 도덕적 능력도 없고 종교적 방법도 없고 영생을 얻을 수 있는 실존적 길도 없으니까 하나님의 가장 가슴 아픈 사랑의 방법으로 독생자 예수 그리스도를 이 세상에 주셨습니다.
그냥 보낸 것이 아니라 '주셨습니다'. 자신의 몸과 피와 존재 전체인 '모노게네스'($\mu o\nu o\gamma \epsilon\nu\eta\varsigma$ 독생자, 10회 글 참고)가 우리의 죄를 위해 십자가에 달려 돌아가시게끔 주셨습니다. 그 독생자께서는 십자가에 달리기 전날 밤에 유월절 무교병을 축사하신 뒤 떼어서 제자들에게 주시면서 말씀하셨습니다. '투토 무 에스틴 토 소마 토 휘페르 휘몬'($\tau o\hat{\upsilon}\tau \acute{o}\ \mu o\acute{\upsilon}\ \dot{\epsilon}\sigma\tau\iota\nu\ \tau \grave{o}\ \sigma\hat{\omega}\mu\alpha\ \tau \grave{o}\ \dot{\upsilon}\pi\grave{\epsilon}\rho\ \dot{\upsilon}\mu\hat{\omega}\nu\cdot$ 고전 11:24). 직역하면 "이것은 당신들을

위한 내 몸이다"입니다. 이 말은 '이것이 바로 나다'라는 뜻입니다. 유월절 무교병을 떼어 주면서 이렇게 말씀하셨으니 당신 자신을 통째로 우리에게 주신다는 의미였습니다. 독생자를 주셨습니다! 하나밖에 없는 외아들 같은 하나님 자신의 유일한 '모노게네스'를 그냥 주셨습니다. 하나님의 '절실한 사랑'입니다.

> **정리하며 마음에 새기기**
>
> (1) 하나님의 사랑은 당연한 것이 아니었습니다. 도저히 사랑 받을 수 없어 처벌 대상인 '밉상'들을 사랑하기로 결정한 그런 사랑이었습니다.
> (2) "누군가를 사랑한다는 것, 그냥 주고 싶은 넉넉함이 아니라 꼭 줄 수밖에 없는 '절실함'인거야 …. " 독생자를 우리에게 주신 하나님의 절실한 사랑입니다.

12. 하나님 나라
왜 사냐고 묻거든 …

왜 사냐고 묻거든, 먼저 하나님 나라!
하나님 나라의 의미
누가 왕인가?
내 인생의 목적, 하나님 나라

왜 사냐건 … 웃지요.

김상용 시인의 "남으로 창을 내겠소"(1934년)의 끝 구절입니다. 멋지고 낭만적입니다. '인생 뭐 있나' 하는 여유입니다. 나물 먹고 물마시고 바람 부는 대로 가다가 해 지면 눕는 안빈낙도(安貧樂道)입니다. 그래서 그랬는지 이분의 시 셋이 친일로 낙인 찍혀 안타깝게도 그 이름이 친일 인명사전에 올랐습니다. 그냥 빙긋이 웃고 말 것이 인생의 질문에 대한 답은 아니라는 생각이 듭니다. 멋이 곧 길은 아니기 때문입니다. 적당히 얼버무리는 것이 진리가 아니기 때문입니다. 바람 따라 가도 괜찮은 것이 진정성 있는 삶은 아니기 때문입니다. 우리 예수님께 "왜 사시나요?" 물으면 뭐라고 대답하실까요?

▌왜 사냐고 묻거든, 먼저 하나님 나라!

예수님께서 사마리아 여인을 전도하고 나서, 점심을 구해 온 제자들이 진지 잡수실 것을 권하자 예수님의 반응이 뜻밖입니다.

나는 너희들이 모르는 음식이 있어(요 4:32).

의아해 하는 제자들에게 설명하십니다.

나의 양식은 나를 보내신 이의 뜻을 행하며 그의 일을 온전히 이루는 이것이니라(요 4:34).

그러니까 보통 사람들은 빵을 먹고 사는데 예수님은 '사명'을 먹고 사신답니다. 그렇습니다. 예수님의 인생 목적은 하나님의 뜻을 이루되 온전하게 이루는 것이었습니다. 그래서 십자가에서 숨을 거두실 때 "다 이루었다"고 선언하셨습니다(요 19:30). 예수님의 인생이었던 하나님의 뜻이 무엇이었나요?

예수님께서는 공생애를 시작하면서 단도직입적으로 선포하셨습니다.

때가 찼고 하나님의 나라가 가까이 왔으니 회개하고 복음을 믿으라(막 1:15).

이 메시지가 예수님을 보내신 하나님의 뜻입니다. 그분의 삶과 사역의 요약이도 합니다. 곧 하나님의 통치를 선포하심으로 하나님의 생명의 말씀, 복음을 믿는 사람들에게 하나님의 구원 약속이 성취되는 것, 하나님 나라를 이루는 것입니다.

내가 다른 동네들에서도 하나님의 나라 복음을 전하여야 하리니 나는 이 일을 위해 보내심을 받았노라(눅 4:43).

그분의 기도입니다.

하늘에 계신 우리 아버지여, 이름이 거룩히 여김을 받으시오며 (하나님) 나라가 임하시오며 뜻이 하늘에서 이루어진 것 같이 땅에서도 이루어지이다(마 6:9-10).

예수님의 가르침도 하나님 나라였습니다. 대표 비유라고 하는 '씨 뿌리는 자의 비유'는 "하나님 나라의 비밀"입니다(막 4:11). 비유들의 대부분은 하나님 나라의 성격을 이해시키기 위한 것들이었습니다.

천국은 … 겨자씨 한 알과 같으니(마 13:31).

천국은 마치 밭에 감추인 보화와 같으니(마 13:44).

제자의 인생이 우선순위 1번으로 추구해야 하는 것도 하나님 나라였습니다.

너희는 먼저 그의 나라와 그의 의를 구하라(마 6:33a).

누군가 예수님께 왜 사냐고 물으면 잠시의 주저 없이 '하나님 나라!'라고 대답하실 것입니다. 하나님 나라가 무엇인가요?

하나님 나라의 의미

사사 기드온이 미디안의 괴롭힘으로부터 이스라엘을 건져 냈을 때 사람들이 그에게 와서 간청했습니다.

당신이 우리를 미디안의 손에서 구원하셨으니 당신과 당신의 아들과 당신의 손자가 우리를 다스리소서(삿 8:22).

아직 왕이 없었던 이스라엘이 기드온에게 세습 왕조를 열어줄 것을 요청한 것입니다. 뜻밖에도 기드온은 그들의 요구를 거절하면서 중요한 고백적 선언을 합니다.

내가 너희를 다스리지 아니하겠고 나의 아들도 너희를 다스리지 아니할 것이요 여호와께서 너희를 다스리시리라(삿 8:23).

이것이 바로 '하나님 나라'의 개념입니다. 사람이 다스리지 않습니다. 하나님께서 다스리십니다.

결국 이스라엘은 사무엘 노년에 다시 찾아와 인간 왕을 달라고 졸랐습니다.

모든 나라와 같이 우리에게 왕을 세워 우리를 다스리게 하소서(삼상 8:5).

하나님을 떠나 자신들이 하고 싶은 대로 하는 인간들의 당시 결집 방법이었습니다. 하나님께서는 그들의 숨겨진 잠재의식을 들춰내십니다.

여호와께서 사무엘에게 이르시되 백성이 네게 한 말을 다 들으라. 이는 그들이 너를 버림이 아니요 나를 버려 자기들의 왕이 되지 못하게 함이니라(삼상 8:7).

그들의 의식 깊은 곳에는 하나님을 주님으로 삼지 않으려는 숨겨진 저의가 도사리고 있었습니다. 이것이 인간의 '죄'의 본질입니다.

아담과 하와가 선악과를 따 먹은 일도 하나님과 같이 되리라는 마귀의 거짓말에 마음이 동했기 때문이었습니다.

너희가 그것을 먹는 날에는 너희 눈이 밝아져 하나님과 같이 되어 … (창 3:5).

왕이신 하나님의 자리를 넘본 것입니다. 바벨탑을 쌓아 하늘에 닿으려 할 때의 동기 또한 다르지 않았습니다.

자, 성읍과 탑을 건설하여 그 탑 꼭대기를 하늘에 닿게 하여 우리 이름을 내고 온 지면에 흩어짐을 면하자(창 11:4).

하나님의 자리를 인간이 차지하려는 인본주의 이데올로기입니다.

예수님의 비유에서 집을 나간 둘째 아들은 왕 되신 하나님이신 아버지의 집을 떠난 인간의 교만한 자유 독립 선언의 표상입니다.

내가 하늘과 아버지께 죄를 지었사오니 … (눅 15:18).

하나님의 다스림을 벗어나는 것이 죄의 본질입니다. 사도 바울은 이를 두고 '마음에 하나님 두기를 싫어함'이라고 정의했습니다(롬 1:28). 인간 왕을 요구하는 마음의 저변에는 자기가 스스로 자신의 왕이기를 원하는 에덴 동산의 불순종이 자리 잡고 있었던 것입니다.

그렇게 해서 세워진 이스라엘의 왕정은 주전 586년 남왕국 유다의 시드기야가 눈이 뽑힌 채 바벨론으로 끌려갈 때까지 이어졌습니다(왕하 25:7). 하나님께서 기뻐하지 않은 제도였지만 이스라엘 백성들의 간청에 의해 허용되었던 '인간 왕의 제도'는 그렇게 성경 내에서 종국적 실패 판정을 받습니다. 이스라엘의 진정한 왕은 하나님이시기 때문입니다. '오직 하나님만이 왕'이라는 것이 성경의 정신입니다. 예수님은 '하나님 나라'를 위해 오셨고 이를 위해 죽으시고 다시 사셨습니다.

누가 왕인가?

죄의 본질은 왕이신 하나님을 향한 반역입니다. 죄의 외양(外樣)은 살인, 간음, 도적질, 거짓말, 미움, 시기, 불평 등으로 다양합니다(롬 1:29-31). 그러나 죄의 속 모습 본질은 왕이신 하나님께 경배하지 않고(롬 1:21) 그분의 왕 되심, 즉 그분의 통치를 거부하여 내 스스로 왕이 되거나 하나님 아닌 다른 것의 다스림을 받는 것입니다. 예수 그리스도의 오심은, 죄와 죽음이 왕 노릇 하는 것을 몰아내고 다시 하나님의 왕 되심을 인간의 삶 속에 회복하기 위한 것입니다(롬 5:14-17).

그래서 예수님께서는 왕으로 오셨습니다. 동방 박사들의 경배를 받는 왕으로 나셔서(마 2:2), 십자가의 죄목이 '유대인의 왕'이 되어 돌아 가셨고(마 27:37), 이제 장래에 전 우주를 다스리시는 심판의 왕으로 다시 오십니다(마 25:34, 계 19:16). 그리고 우리는 지금 여기서 그분을 우리 마음의 보좌(寶座)에 영접하여 그분을 '주님'이라고 부름으로써 구원을 얻습니다.

누구든지 주의 이름을 부르는 자는 구원을 받으리라(행 10:13).

예수님을 영접하는 것은 내가 내 보좌에서 내려와 그분을 마음에 모셔 그분이 내 왕좌에 앉게끔 자리를 내어드리는 것입니다(갈 2:20; 계 3:20).

하나님 나라는 그리스도를 통해 이미 이루어졌고, 지금도 이루어지고 있으며 미래에 이루어질 것입니다. 하나님 나라는 과거의 성취와 현재의 진행과 미래의 완성을 다 포괄합니다. 그러나 지금 바로 여기서 하나님의 다스림이 이루어지는 곳에 하나님 나라는 그대로 임합니다. '하나님 나라'(천국[하늘 나라]은 '하나님'이라는 직접적 언급을 피하기 위해 유대적인 성격이 강한 마태복음이 '하늘'이라는 대유법을 선호함으로써 사용된 표현)는 흔히 오인(誤認)된 개념의 '천당'이나 '극락'을 말하는 것이 아닙니다. 예수님께서 말씀하셨습니다.

내가 하나님의 성령을 힘입어 귀신을 쫓아내는 것이면 하나님의 나라가 이미 너희에게 임하였느니라(마 12:28).

마귀의 왕 노릇이 중단되고 하나님의 다스림이 이루어지

면, 바로 지금 여기에서부터 하나님의 나라, 즉 천국이 이루어진다는 뜻입니다.

내 인생의 목적, 하나님 나라

내 마음을 하나님이 다스리시면 내가 천국이 됩니다. 내 가정의 왕이 하나님이 되게 하십시오. 그러면 우리 집이 천국입니다. 직장에서도 구성원들이 모두 하나님을 왕으로 삼고 있으면 그곳이 천국입니다. 예수님께서 우리에게 '먼저 하나님의 나라를 구하라'고 명령하실 때의 의도입니다. 믿음은 내세만 바라보며 현재의 삶을 포기하는 현실 도피가 아닙니다. 철저하게 현재에 하나님의 다스리심이 이뤄지게 하려는 지난(至難)한 싸움입니다. 하나님께서 예수님의 제자인 나를 두신 시간과 공간의 모든 영역에서 왕이신 하나님의 통치가 이뤄지게 하려는 추구와 탐색과 시도(마 7:7-8)의 명령입니다.

내가 하는 공부에서 하나님이 왕이 되게 하는 일입니다. 내게 주신 가정 만사의 주인이 그리스도가 되도록 내어주는 노력입니다. 내가 하는 직장 노동에서 하나님이 뜻이 이뤄지게 하자는 것입니다. 내가 속한 사회에서 하나님께서 원하시는 일을 이루기 위한 선한 투쟁입니다. 내가 하는 놀이에서도 하나님이 왕이 되게 하십시오. 내가 하는 사랑에서도 하나님께서 주도하게 합시다. 누군가 나에게 왜 사냐고 묻거든, 환하게 웃으며 나지막하게 그러나 결연한 음성으로 말하십시오.

하나님 나라! 뜻이 하늘에서 이루어진 것 같이 땅에서도 이루기 위하여!

> **정리하며 마음에 새기기**
>
> (1) 믿음은 내세만 바라보며 현재의 삶을 포기하는 현실 도피가 아닙니다. 철저하게 현재에 하나님의 다스리심이 이뤄지게 하려는 지난(至難)한 하나님 나라의 싸움입니다.
>
> (2) 왜 사냐고 묻거든, 환하게 웃으며 나지막하게 그러나 결연한 음성으로 말하십시오. 하나님 나라! 뜻이 하늘에서 이루어진 것 같이 땅에서도 이루어지이다!

IV.

성령,
나와
무슨 상관이 있나?

13. 삼위일체
   : 삼위일체는 사랑이 만든 신비입니다

14. 파라클레토스
   : 성령의 프로필을 작성해 보다

15. 능력과 체험
   : 성령의 은사와 열매, 그리고 능력

13. 삼위일체

삼위일체는 사랑이 만든 신비입니다

'삼위일체', 교회사 속 신조어(新造語)
그렇게 계시되었기 때문에
삼위일체가 주는 의미
삼위일체의 형상인 인간도 사랑입니다

만일 사람을 현혹해서 모아야 하는 사이비 종교 창시자가 되기 위해 교리를 자의적으로 만든다면 실용성과 상품성 차원에서 절대로 포함시키지 말아야 할 것이 바로 삼위일체 교리입니다. 사람들 마음을 사로잡으려면 설명이 쉽고 합리적인 것들을 골라 모아야 하는데, 삼위일체 교리는 상식적으로 이해하기 힘들고 설명이 너무 어렵고 선동적인 감동도 없습니다. 그런데 기독교는 이 힘들고 어려운 개념을 핵심 교리로 붙잡고 있습니다. 왜 이렇게 실용성 없이 미련해 보이는 짓을 하는 것일까요? 억지로 만든 것이 아니라는 사실의 반증(反證)입니다. 인위적으로 편의를 위해 만든 것이 아니라는 뜻입니다. 사람의 머리로 이해가 잘 안 된다 해서 포기할 수 없는 진리라는 말입니다.

'삼위일체' 교회사 속 신조어(新造語)

삼위일체(三位一體, trinity) 용어는 라틴어 trinitas(3중)에서 비롯되었습니다. 간추려서 말하면 "한 분 하나님 존재 안에서 세 신격(神格)"(Three Persons in One Godhead), 즉 '셋으로 하나'라는 뜻입니다. 이 교리에 대한 긴 논쟁은 니케아 공의회에서(325년) 시작되어 126년간 이어져 칼케돈 공의회(451년)에서 완료되었습니다.

웨스트민스터 신앙고백(1649) 제2장 "하나님과 삼위일체", 3조의 내용입니다.

하나님의 본체(本體)는 하나이시며 곧 동시에 삼위(三位)이시다(요일 5:7; 마 3:16, 17; 28:19; 고후 13:13). 즉 본체와 능력과 영원성에 있어서 동일하신 삼위의 성부 하나님과 성자 하나님과 성령 하나님이시다. 성부는 아무에게서도 나시거나 나오시지 않으시고, 성자는 성부에게서 영원히 나셨고(요 1:14, 18), 성령은 성부와 성자로부터 영원히 나오신다(요 15:25; 갈 4:6).

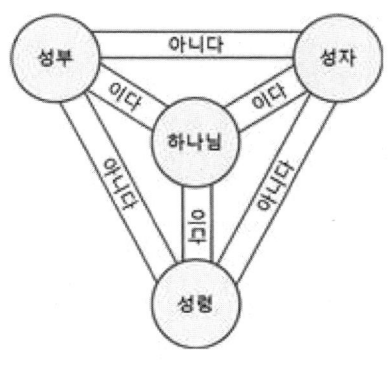

중세 때 삼위일체에 대한 설명을 위해 사용했던 '삼위일체 방패' 도식은 그 의미를 잘 요약해 줍니다.
(1) 성부는 하나님이십니다. 성자도 하나님이십니다. 성령도 하나님이십니다. (2) 성부는 성자가 아닙니다. 그러나 성부도 성자도 한 하나님이십니다. (3) 성부는 성령이 아니십니다. 그러나 성부와 성령은 한 하나님이십니다. (4) 성자는 성령이 아니십니다. 그러나 성자와 성령은 한 하나님이십니다. 어떻게 그렇게 되는지 인간의 인식으로 이해하기는 어렵습니다. 그러나 이렇게 계시되었습니다.

삼위일체 용어 자체는 성경에 나타나지 않습니다. 하나님의 존재를 설명하기 위해 만든 단어입니다. 그러나 개념은 다 성경에서 비롯되었습니다. 삼위일체 용어가 성경에는 나타나지 않지만 삼위일체 개념은 성경에 가득하다는 말입니다. '삼위일체' 용어를 만들어내지 않을 수 없는 이유가 있었습니다.

그렇게 계시되었기 때문에

첫째, 하나님은 한 분이십니다. 이것이 모든 계명의 근간입니다. 십계명의 제1-2 계명이 이 때문에 주어졌습니다.

우리 하나님 여호와는 오직 유일한 여호와이시니(신 6:4, 참고. 약 2:19).

둘째, 예수 그리스도는 하나님이십니다. 그리스도는 전적으로 하나님이시며, 인간이 되셨던 하나님 존재의 두 번째 신격이십니다.

그는 근본 하나님의 본체시나 하나님과 동등 됨을 취할 것으로 여기지 아니하시고 오히려 자기를 비워 종의 형체를 가지사 사람들과 같이 되셨고(빌 2:6-7; 참고. 요 1:1; 8:58).

셋째, 성령은 하나님의 영으로 하나님이십니다.

만일 너희 속에 하나님의 영이 거하시면 너희가 육신에 있지 아니하고 영에 있나니 누구든지 그리스도의 영이 없으면 그리스도의 사람이 아니라(롬 8:9).

성령은 하나님의 영이며 그리스도의 영입니다.

넷째, 세 신격은 각자 전적으로 하나님이시지만 일정한 차별성을 보이며 서로 관계하십니다. 성부께서 성자를 세상에 보내셨습니다(막 9:37; 마 10:40; 갈 4:4). 성부와 성자는 성령을 우리에게 보내주셨습니다(요 14:26; 15:26; 16:7).

세 신격의 관계를 보여주는 가장 극적인 장면은 예수님께서 세례를 받으실 때 나타납니다.

예수께서 세례를 받으시고 곧 물에서 올라오실새 하늘이 열리고 하나님의 성령이 비둘기 같이 내려 자기 위에 임하심을 보시더니 하늘로부터 소리가 있어 말씀하시되 이는 내 사랑하는 아들이요 내 기뻐하는 자라 하시니라(마 3:16-17).

개별적 신격으로 존재하십니다. 서로 관계를 가지십니다. 그러나 하나이십니다. 그래서 삼위일체입니다.

이것이 도대체 무엇을 의미할까요? 삼위일체(Trinity) 교리는 인간의 역사적 하나님 체험입니다. 하나님의 유일성, 하나님께서 인간이 되신 예수 그리스도의 신성에 대한 역사 경험, 하나님의 영이신 성령에 대한 인격적 체험이, 교회로 하여금 삼위일체를 깨닫게 했고 그래서 그 교리를 기록하게 했습니다. 즉 우리가 삼위일체를 알게 된 것은 하나님께서 자신을 우리에게 그렇게 계시하셨기 때문입니다.

삼위일체가 주는 의미

그렇다면 삼위일체가 지닌 의미가 무엇일까요?

(1) 삼위일체는 사랑입니다. 세 신격이시지만 한 분이십니다. 논리로는 이해가 안 되는 신비입니다. 셋이지만 하나인 완전한 연합입니다.

아버지여, 아버지께서 내 안에, 내가 아버지 안에 있는 것 같이 그들도 다 하나가 되어 우리 안에 있게 하사 세상으로 아버지께서 나를 보내신 것을 믿게 하옵소서(요 17:21).

이것이 사랑입니다.

사랑은 하나님께 속한 것이니 사랑하는 자마다 하나님으로부터 나서 하나님을 알고 사랑하지 아니하는 자는 하나님을 알지 못하나니 이는 하나님은 사랑이심이라(요일 4:7-8).

삼위일체는 사랑입니다!

(2) 십자가의 복음은 삼위일체 하나님의 인간 사랑입니다.

하나님의 사랑이 우리에게 이렇게 나타난바 되었으니 하나님이 자기의 독생자를 세상에 보내심은 그로 말미암아 우리를 살리려 하심이라. 사랑은 여기 있으니 우리가 하나님을 사랑한 것이 아니요 하나님이 우리를 사랑하사 우리 죄를 속하기 위하여 화목 제물로 그 아들을 보내셨음이라(요일 4:9-10).

성자 예수 그리스도께서 우리에게 오신 복음은 그 삼위일체의 사랑이 우리 위에 그대로 쏟아 부어진 것입니다.

소망이 우리를 부끄럽게 하지 아니함은 우리에게 주신 성령으로 말미암아 하나님의 사랑이 우리 마음에 부은바 됨이니 … 우리가 아직 죄인 되었을 때에 그리스도께서 우리를 위하여 죽으심으로 하나님께서 우리에 대한 자기의 사랑을 확증하셨느니라(롬 5:5, 8).

삼위일체는 사랑이신 하나님께서 우리를 사랑하여 우리를 구원하시는 사랑의 계시입니다. 성부께서 우리를 사랑하여 성자를 보내 우리를 위해 죽게 하시고 성령님을 통해서 그 사랑을 알게 하신 것이 우리의 구원입니다(요 3:16; 고전 2:12).

(3) 삼위일체는 우리 삶의 모델입니다.

내게 주신 영광을 내가 그들에게 주었사오니 이는 우리가 하나가 된 것 같이 그들도 하나가 되게 하려 함이니이다. 곧 내가 그들 안에 있고 아버지께서 내 안에 계시어 그들로 온전함을 이루어 하나가 되게 하려 함은 아버지께서 나를 보내신 것과 또 나를 사랑하심 같이 그들도 사랑하신 것을 세상으로 알게 하려 함이로소이다(요 17:22-23).

사랑이 가장 큰 계명인 이유는 삼위일체로 서로 사랑하시는 하나님께서 당신의 그 사랑의 형상대로 우리를 서로 사랑하는 존재로 창조하셨기 때문입니다. 그래서 아담과 하와가 둘이 아니라 하나라고 하십니다(창 2:24).

우리가 보고 들은 바를 너희에게도 전함은 너희로 우리와 사귐이 있게 하려 함이니 우리의 사귐은 아버지와 그의 아들 예수 그리스도와 더불어 누림이라(요일 1:3).

그래서 하나님께서 세우신 교회는 삼위일체 하나님의 신비의 사랑이 그리스도의 몸으로 구현된 것입니다.

몸은 하나인데 많은 지체가 있고 몸의 지체가 많으나 한 몸임과 같이 그리스도도 그러하니라. 우리가 유대인이나 헬라인이나 종이나 자유인이나 다 한 성령으로 세례를 받아 한 몸이 되었고 또 다 한 성령을 마시게 하셨느니라(고전 2:12-13).

삼위일체의 형상인 인간도 사랑입니다

그래서 삼위일체 하나님의 형상대로 만들어진 인간은 사랑입니다. 하나님이 삼위일체의 관계로 존재하듯이 인간은 사랑의 관계로 존재하고 사랑의 관계로 살아갑니다. 그래서 하나님이 사랑인 것처럼 사람도 사랑입니다. 인생은 사랑입니다. 인생은 사랑이면 성공이고 미움과 무관심이면 실패입니다. 마음과 목숨과 힘을 다해 하나님을 사랑하는 것이 가장 큰 계명입니다. 그리고 이웃을 내 몸과 같이 사랑하는 것이 모든 율법과 선지자의 강령입니다.

그리고 우리가 서로 사랑할 때 그 사랑으로 성부, 성자, 성령의 메시지를 세상에 전하는 것입니다.

새 계명을 너희에게 주노니 서로 사랑하라 내가 너희를 사랑한 것 같이 너희도 서로 사랑하라. 너희가 서로 사랑하면 이로써 모든 사람이 너희가 내 제자인 줄 알리라(요 13:34-35).

우리가 진정 서로 사랑하기만 해도 전도가 됩니다. 우리가 서로 사랑할 때 서로 사랑하는 삼위일체의 하나님이 세상에 보이기 때문입니다.

정리하며 마음에 새기기

(1) 삼위일체 교리는 인간의 하나님 체험입니다. 하나님의 유일성, 하나님께서 인간이 되신 예수 그리스도의 신성에 대한 역사 경험, 하나님의 영이신 성령에 대한 인격적 체험이 삼위일체를 깨닫게 했습니다.

(2) 삼위일체 하나님의 형상대로 만들어진 인간은 사랑입니다. 하나님이 삼위일체의 관계로 존재하듯이 인간은 사랑의 관계로 존재하고 그 관계로 살아갑니다. 그래서 하나님이 사랑인 것처럼 사람도 사랑입니다.

14. 파라클레토스

성령의 프로필을 작성해보다

본명: 성령, 삼위일체의 제3 신격 하나님
별명: 파라클레토스 동행(同行)
이미지: 바람, 불, 생수

성령에 대해서는 성경에서 많이 언급되지만 종종 이론에 한정된 신학자들의 경우 별다른 관심을 기울이지 않습니다. 성령님께서 성부 하나님과 성자 예수님을 부각시키면서 자신은 뒤로 숨는 것 같이 보이기 때문입니다. 그래서 F. D. 브루너는 자신의 성령론 책 제목을 〈The Holy Spirit, Shy Member of the Trinity〉(성령 - 삼위일체 중에서 수줍어하는 분)이라 잡기도 했습니다. 수줍어하시는 것 같은 분을 끄집어내 프로필을 만들어 봅니다.

본명: 성령, 삼위일체의 제 3 신격 하나님

성령은 삼위일체의 제3 신격 하나님이십니다. 성령님을 그냥 힘(force)이나 능력(power)으로 한정하는 것은 신학적 오류입니다. 이 분의 공식 이름은 '성령'입니다. 성령의 정체(identity)는 삼위일체의 신비 안에 위치합니다.

만일 너희 속에 하나님의 영이 거하시면 너희가 육신에 있지 아니하고 영에 있나니 누구든지 그리스도의 영이 없으면 그리스도의 사람이 아니라(롬 8:9).

성령 하나님이신데 성부 하나님을 우리에게 알려주십니다. 그래서 하나님의 영입니다. 성령 하나님이신데 성자를 우리에게 알려주십니다. 그래서 그리스도의 영입니다. 성령은 하나님의 영이고 그리스도의 영이십니다.

별명: 파라클레토스 동행(同行)

별명이 있습니다. 예수님이 붙여주셨습니다.

내가 아버지께 구하겠으니 그가 또 다른 보혜사를 너희에게 주사 영원토록 너희와 함께 있게 하리니 … (요 14:16).

성령을 '보혜사'로 지칭하셨습니다. 어떤 사역을 하는지 알려주시려고 붙인 별명입니다. '보혜사'는 그리스 원어로 '파라클레토스'(παράκλητος)입니다. 접두어 '파라'(παρά)는 '옆'(beside, by) 또는 '가까이'(near)의 뜻을 지닌 전치사이고 '클레토스'(κλητός)는 '부름을 받은 자'란 뜻입니다. 그래서 이 합성어는 '함께 (옆에) 있도록 부름을 받은 자'로 법정에서 '변호인' 역할을 하는 사람(advocate)을 가리키는 말이었습니다.

예수님의 '고별 설교' 전체(요 14-17장)를 살펴보면 이 '파라클레토스'가 갖는 '변호인'(advocate, NIV, NRSV)의 의미는 주개념이 아니고, 주로 가르침과 계시와 해석 등에 그 역할이 연계되어 있기 때문에, 보혜사(保惠師), helper(불트만, NASB, NKJV), counselor(RSV), comforter(KJV, Darby) 등의 용어가 다양하게 번역에 사용되었습니다. 그러나 이들 중 그 어느 하나도 예수님이 의도하셨던 그 의미를 다 담지는 못하는 것 같습니다.

개인적으로 '파라클레토스'의 문자적 의미를 최대한 살릴 때 '동행' '동반자'가 가장 좋은 번역이 아닐까 생각합니다. 우리 안에 계시면서 동행하여 가르치고 변호하며 도와주고 조언하며 격려, 위로하시는 분이 바로 '파라클레토스'로서의 성령이십니다. 이러한 파라클레토스의 의미를 어느 소그룹에서 나누었더니 한 분이 삼위일체 하나님을 이렇게 정리해 주었습니다.

성부 하나님은 전 우주적인 하나님이십니다. 성자 하나님은 전 인류를 위해 오셨습니다. 성령 하나님은 한 사람 한 사람 개인에게 역사하시는 하나님입니다.

그렇습니다. 전 우주의 하나님이 내 안에 계십니다. 전 인류의 구세주이신 그리스도께서 내 안에 계십니다. 내 안에 '동행'으로 계셔서 나를 외롭지 않게 하시며 내 갈 길을 인도하시고 나로 하여금 거룩하고 바르게 살며 사역할 수 있게 해 주시는 분이 파라클레토스 성령입니다.

이미지: 바람, 불, 생수

성자 예수님은 하나님께서 100퍼센트 사람이 되셔서, 팔레스타인이란 공간과 1세기 초라는 시간에 갇혀 사셨던 분이시기 때문에 주변의 인간이 직접 보고 만지고 음성을 들을 수 있었습니다. 당시 지금처럼 스마트폰이 있었다면 그 행적을 동영상과 음성으로 보전해서 우리가 지금도 그분을 간접적으로 보고 들을 수 있었을 것입니다. 그러나 성령님은 물체성이 없고 시간과 공간에 갇히지 않아 보거나 듣거나 만질 수 없습니다. 그래서 성경은 우리가 성령님을 이해할 수 있도록 현상과 사물의 이미지로 유추해 줍니다.

(1) 바람 성령

성령은 바람과 같습니다. 사람이 거듭나야 하나님 나라를 볼 수 있다는 가르침을 의아해하는 니고데모에게 예수님께서 말씀하셨습니다.

> 바람($\pi\nu\epsilon\hat{u}\mu\alpha$)이 임의로 불매 네가 그 소리는 들어도 어디서 와서 어디로 가는지 알지 못하나니 성령($\pi\nu\epsilon\hat{u}\mu\alpha$)으로 난 사람도 다 그러하니라(요 3:8).

성령을 가리키는 그리스어 '프뉴마'($\pi\nu\epsilon\hat{u}\mu\alpha$)는 '바람' 또는 '숨'이라는 뜻이기도 합니다. 히브리어 '루아흐'(רוּחַ)도 똑같습니다. 예수님께서 이해를 위해 일종의 '단어 유희'(pun)를 하신 것입니다. 성령의 역사는 그 단어의 또 다른 뜻처럼 '바람' 같다는 말씀입니다.

믿음을 불러일으키는 성령의 역사는 바람과 같습니다. 보이지 않고 잡을 수 없습니다. 자신의 의지대로 불어와 영향을 미칩니다. 성령의 바람이 불어오면 영혼에 불꽃이 일어납니다. 믿음을 고백하는 순간 신비한 바람이 불어와 성령으로 가득하게 됩니다. '믿습니다' 하며 고백하는 순간에 바람이 불어와 성령으로 가득하게 됩니다.

사도 바울은 이것을 '통달의 영'으로 설명했습니다.

오직 하나님이 성령으로 이것을 우리에게 보이셨으니 성령은 모든 것 곧 하나님의 깊은 것까지도 통달하시느니라(고전 2:10).

통달(通達)로 번역된 '에라우나오'(ἐραυνάω)는 search(조사, 검색)의 뜻입니다. 성령께서 모든 곳을 다 찾아가십니다. 눈 깜박할 사이에 바람처럼 다니면서 찾으십니다. 컴퓨터나 스마트폰에 어떤 개념을 입력하면 순식간에 전 세계 모든 사이트를 검색하여 해당 사항을 끌어내 알 수 있게 해 주는 '에라우나오'가 바람처럼 움직이는 성령께서 하시는 일입니다. 하늘의 바람이 하나님과 나 사이를 오고 가며 내 안에 믿음을 발생시킵니다. 거듭나게 합니다. 성령은 검색과 전달의 바람입니다.

(2) 불 성령

성령은 불과 같습니다. 오순절에 제자 120명에게 성령이 임할 때 바람 소리와 함께 불의 혀 같은 것이 각 사람 위에 임했습니다. 요한은 예수님께서 성령과 불로 세례를 베푸실 것이라고 예고했습니다(마 3:11). 불의 성령을 받은 제자들이 달라졌습니다. 서로 잘났다고 싸우다가 어려움이 오니까 도망가던 겁쟁이들의 가슴이 뜨거워졌습니다. 온 예루살렘을 뒤집어놓습니다. 불의 성령은 속사람을 바꿔놓는 열정입니다.

성령은 불입니다. 내 안에 하나님의 뜻을 이루고자 하는 열정의 불입니다.

성령을 소멸하지 말며 … (살전 5:19).

여기서 사용된 동사 '스벤누미'(σβέννυμι)는 '불을 끄다'(extinguish)입니다. 성령은 끄면 안 되는 불과 같습니다. 미적지근했던 라오디게아 교인들에게 권하는 말씀입니다.

볼지어다 내가 문 밖에 서서 두드리노니 누구든지 내 음성을 듣고 문을 열면 내가 그에게로 들어가 그와 더불어 먹고 그는 나와 더불어 먹으리라(계 3:20).

미지근하여 토해내침을 받아야 하는 라오디게아 교인들이 마음 문을 열고 모셔야 하는 것이 바로 성령이었습니다.

귀 있는 자는 성령이 교회들에게 하시는 말씀을 들을지어다(계 3:22).

성령은 타오르는 불의 열정입니다.

(3) 생수 성령
생명의 만족을 주십니다. 예수님 당시 초막절에는 7일 동안 아침마다 제사장들이 실로암 못에서 물을 길어 금주전자에 담아 대제사장을 따라 성전 제단으로 가져옵니다. 일곱째 날에는 이 일이 일곱 번 반복되며, 당시 바리새파 사람들의 주장을 따라 메마른 땅을 비로 적셔줄 것을 갈구하는 기우(祈雨)의 기도가 뒤따릅니다.

이 '명절 끝날' 예수님께서 갑자기 외치셨습니다.

누구든지 목마르거든 내게로 와서 마시라. 나를 믿는 자는 성경에 이름과 같이 그 배에서 생수의 강이 흘러나오리라 (요 7:37-38).

사람들의 주의를 끌만한 돌출 행위였습니다. 그 자리에 있었던 누구라도 마치 속마음을 들킨 것처럼 또는 알아준 것처럼 '울컥'하는 공감을 가졌을 것 같습니다. 사람은 모두 목마르기 때문입니다. 이 땅에서 무엇을 해도 충족되지 않는 뱃속 깊은 곳의 헛헛함이 있습니다. 쾌락으로도, 권력과 재물로도, 공부와 예술로도 도저히 채울 수 없어, 더 하면 할수록 오히려 깊어지는 영혼의 갈증이 있습니다. 초막절에는 전통적으로 전도서를 같이 읽습니다. '헛되고 헛되며 모든 것이 헛되다'는 반복적 후렴구로 이 목마름을 표현합니다. 목마르다, 목마르다, 목마르다 ….

목마르다고 아무데나 가서 이 갈증을 풀려고 해서는 안 됩니다. 낭패하고 다 빼앗기는 수가 있습니다. 권력으로 망합니다. 돈으로 망합니다. 명예로 망합니다. 쾌락으로 망합니다. 생존의 절박함과 애정 결핍으로 목말랐던 사마리아 여인은 여섯 번의 남자를 찾았으나 해갈(解渴)할 수 없었습니다. 한 평생 세상 물을 마시고 또 마셔야 했던 여인에게 예수님께서 말씀하셨습니다.

내가 주는 물을 마시는 자는 영원히 목마르지 아니하리니 내가 주는 물은 그 속에서 영생하도록 솟아나는 샘물이 되리라(요 4:14).

초막절에 말씀하신 '생수의 강'(요 7:38)이 바로 성령을 가리킵니다.

이는 그를 믿는 자들이 받을 성령을 가리켜 말씀하신 것이라(요 7:39).

성령님께서 영혼에 만족을 주십니다. 많은 사람이 예수님을 영접하여 구원의 확신을 갖고 성령으로 충만했을 때, 어제와 다를 바 없는 주변의 해와 달과 나무와 바람까지 자신의 영혼에 기쁨과 찬양이 되는 것을 고백합니다. 그 안에 생수의 성령이 흘러넘치기 때문입니다. 성령은 영혼의 만족입니다.

> **정리하며 마음에 새기기**
>
> (1) 성령은 내 안에 계시면서 나와 한 평생 '동행'(파라클레토스, 보혜사)하시는 하나님의 영입니다. 외롭지 않습니다. 두렵지 않습니다. 힘을 얻습니다.
> (2) 성령은 믿음을 주는 바람이고 열정으로 타오르는 불이며 영혼에 깊은 만족을 주는 생수의 강입니다.

15. 능력과 체험

성령의 은사와 열매, 그리고 능력

절망의 탄식에서 희망의 탄성으로
성령의 은사에 대한 오해와 이해
성령의 은사의 목적

절망의 탄식에서 희망의 탄성으로

하나님도 힘들어하시고 사람도 절망했습니다. 타락한 인간의 영적 무능 때문입니다. 노아 때의 물 심판 후에 인간의 도덕적 불능 상태를 뼈아프게 탄식하십니다.

사람의 마음이 계획하는 바가 어려서부터 악함이라(창 8:21).

율법도 소용이 없었습니다. 바리새인 바울은 하나님을 기쁘시게 하고 싶은 소원이 있으나 아무리 애써도 되지 않아 절규합니다.

오호라 나는 곤고한 사람이로다. 이 사망의 몸에서 누가 나를 건져내랴(롬 7:24).

그래서 하나님께서 율법을 돌판이 아니라 사람의 마음에 기록하겠다고 약속하셨습니다(렘 31:33). 하나님께서 아예 사람 마음에 들어오셔서 그 사람을 변화시키기로 하신 것입니다.

내 영을 너희 속에 두어 너희로 내 율례를 행하게 하리니 너희가 내 규례를 지켜 행할지라(겔 36:27).

성령입니다. 성령이 우리 안에 계셔서 철저하게 무력한 우리에게 주시는 능력이 바로 이것입니다. 완전 불능의 절규(롬

7:24)가 기쁨의 탄성으로 바뀌는 이유가 바로 성령의 능력에 있습니다.

> 우리 주 예수 그리스도로 말미암아 하나님께 감사하리로다 (롬 7:25).

> 율법이 육신으로 말미암아 연약하여 할 수 없는 그것을 하나님은 하시나니 … 그 영을 따라 행하는 우리에게 율법의 요구가 이루어지게 하려 하심이니라(롬 8:2-4).

그 성령의 능력은 은사와 열매로 나타납니다.

성령의 은사에 대한 오해와 이해

'성령의 은사'에서 은사(恩賜)로 번역된 그리스어는 '카리스마'($\chi\alpha\rho\iota\sigma\mu\alpha$)입니다. 이 용어는 요즘에는 어떤 사람 안에 내재해 있어 사람을 휘어잡는 능력을 가리키는 용어가 되었지만 원래는 '은혜로 주어진 것', 즉 '은혜의 선물'이라는 뜻입니다. 이 말은 구원과 영생을 가리키는 데도 사용되었습니다(롬 6:23). 결혼도 독신도 모두 하나님의 은사입니다(고전 7:7). 위기에서 구해주시는 하나님의 기도 응답도 은사입니다(고후 1:11). 그래서 '성령의 은사'는 하나님께서 성령을 통해 하나님 나라와 교회를 위해 주시는 은혜의 '선물'입니다.

고린도 교회에서 체험된 다양한 성령의 은사들이 있었습

니다. 지혜의 말씀, 지식의 말씀, 믿음, 병 고치는 은사, 능력 행함, 예언, 영들 분별함, 방언, 방언 통역 등입니다(고전 12:8-11). 반면 로마서에서는 "우리에게 주신 은혜대로 받은 은사가 각각 다르니" 하고 전제하면서, 예언, 섬기는 일(디아코니아 διακονία, 고전 12:5에서는 '직분'으로 번역됨), 가르치는 일, 위로, 구제, 다스림(리더십), 긍휼 베풀기 등이 열거됩니다(롬 12:6-8). 고린도에서도 언급된 것은 예언 하나뿐입니다. 고린도에서 많이 논의되던 방언은 로마서에 전혀 등장하지 않습니다. 많은 현대 교회에서 익숙한 것들이 주로 언급되었습니다. 고린도전서의 은사들이 일상에서 거리감이 있어 조금 마음이 불편했던 사람들도 로마서의 은사들에는 전혀 어색함이 없습니다.

이 두 교회의 은사들을 비교하면서 우리는 꼭 초자연적인 것들만이 성령의 은사가 아니라는 점을 깨닫게 됩니다. 바울이 아직 가보지 않은 교회에 자신이 전한 복음과 삶에 대해 이야기하는 편지가 바로 로마서입니다. 그래서 특정 문제들을 다루는 것이 주목적이었던 고린도전서, 또는 갈라디아서와 같은 특수성이 별로 없습니다. 당연히 로마서의 내용이 모든 교회에 더 보편적입니다. 즉 로마서가 모든 일반 교회를 염두에 둔 복음과 삶과 사역의 설명이라고 보아 크게 어긋남이 없습니다. 그렇다면 로마서에서 열거된 성령의 은사들이 고린도전서의 것들보다는 모든 교회에 조금 더 일반적이라 할 수 있을 것입니다.

에베소서에서는 교회의 조직이 발전되면서 은사가 직분에 더 가까워집니다.

그가 어떤 사람은 사도로, 어떤 사람은 선지자로, 어떤 사람은 복음 전하는 자로, 어떤 사람은 목사와 교사로 삼으셨으니 이는 성도를 온전하게 하여 봉사의 일을 하게하며 그리스도의 몸을 세우려 하심이라(엡 4:11-12).

여기서는 이런 직분들이 그리스도의 선물입니다(엡 4:7-8).

그렇듯이 성경은 다소 특이해 보이는 영적 현상에서부터 일상적으로 익숙한 것에 이르기까지 모든 것들을 은혜로 주어진 선물, 즉 성령의 은사로 보고 있습니다. 그래서 교회에 따라 다르게 열거되었습니다. 공동체 상황에 따라 다릅니다. 시대에 따라 변합니다. 고린도 교회에서는 이슈가 될 만큼 화제였는데 로마 교회에서는 전혀 언급되지 않는 것들도 있고, 이전에는 여러 번 언급 되었는데 에베소서의 시대에는 그다지 절실하지 않아 전혀 언급이 없는 것들도 있습니다. 신약성경에서는 언급되지 않았지만 새로운 도전과 사명에 직면하면서 하나님께서 우리 시대의 교회에게 주신 새로운 은사들이 더욱 많아졌습니다. 찬양을 위한 악기 연주, 복음전파를 돕는 미디어 기술, 각종 프로그램 개발과 기획 능력 등 … 성령의 은사는 우리 주님 다시 오실 때까지 시대와 지역과 문화의 필요에 따라 복음 안에서 무한하게 전개된다는 뜻입니다.

성령의 은사는 교회를 세우고 하나님 나라를 건설하기 위해 교회 공동체에 유익이 되도록 허락하신 모든 특질, 재능, 직분, 기능을 다 포함합니다. 하나님께서 하나님 나라와 교회를 위해 교회와 내게 주신 것이 다 성령의 은사입니다. 그 은사를 인식해야 됩니다. 그 은사를 감사해야 됩니다. 그 은사를 잘 사용해야 됩니다.

성령의 은사의 목적

그래서 정말 중요한 것은 은사의 종류가 아니라 그 모든 은사에게 있어 공통된 목적입니다.

은사(카리스마)는 여러 가지나 성령은 같고 직분(디아코니아)은 여러 가지나 주는 같으며 또 사역(에네르게마 ἐνέργημα, 활동, 효력 등의 뜻)은 여러 가지나 모든 것을 모든 사람 가운데서 이루시는 하나님은 같으니 각 사람에게 성령을 나타내심은 유익하게 하려 하심이라(고전 12:4-7).

'은사'가 '직분'(섬김)을 만들고 직분에는 그에 맞는 '사역'(활동)이 있다는 뜻입니다. 그렇게 은사의 목적은 종국적으로 "유익하게 하려 하심이라"고 명시됩니다(12:7). 앞에서 바울은 자신의 유익을 구하지 말고 다른 사람의 유익을 구하라 명했습니다(10:24). 성령의 은사는 다른 사람에게 유익을 주라고 교회와 내게 허락하신 은혜의 선물입니다.

그렇듯이 성령의 은사는 자신을 과시하는 능력이 아니라 교회에 유익을 끼치는 봉사를 하도록 하나님께서 교회에 주신 선물입니다. 자신을 위해 이기적으로 사용하면 그 순간부터 타락이 시작됩니다. 적지 않은 지도자들이 망가진 것은 탁월한 은사를 받은 그들이 그것을 자기를 위해 남용하기 시작하면서 부터였습니다.

그 날에 많은 사람이 나더러 이르되 주여 주여 우리가 주의 이름으로 선지자 노릇하며 주의 이름으로 귀신을 쫓아내며 주의 이름으로 많은 권능을 행하지 아니하였나이까 하리니 그 때에 저희에게 밝히 말하되 내가 너희를 도무지 알지 못하니 불법을 행하는 자들아 내게서 떠나가라 하리라(마 7:22-23).

은사는 계급장이나 훈장이 아닙니다.

서로 대접하기를 원망 없이 하고 각각 은사를 받은 대로 하나님의 여러 가지 은혜를 맡은 선한 청지기 같이 서로 봉사하라(벧전 4:9-10).

은사의 핵심은 무엇을 갖고 있는지가 아니라 그것으로 하나님과 교회와 세상을 위해 무엇을 하며 어떻게 살았는지에 있습니다.

성령의 열매가 능력의 핵심

그래서 정말 중요한 것은 성령의 열매입니다. 성령의 은사는 받는 것입니다. 하나님께서 당신의 뜻대로 각 사람에게 나눠 주십니다(고전 12:11). 그래서 은사의 소유가 자동적으로 상급이 되지 못합니다. 받은 은사를 무엇을 위해, 어떻게 무슨 동기로 사용했는지에 따라 하나님의 평가를 받습니다. 내가 인정을 받는 것은 소유한 은사가 아니라 그 은사로 섬기며 산 결과인 삶의 열매입니다. 은사는 주시는 것을 받는 것이고 열매는 내가 삶으로 맺는 것입니다.

그래서 열매가 우리의 정체(identity)입니다. 예수님께서는 우리를 열매로 아시기 때문입니다. 열매 없이 은사 현상만으로 '주여 주여' 하는 사람들을 모른다고 하셨습니다(마 7:23). 그러나 혹 은사가 부각되지 않아도 열매가 맺히면 '내가 너를 안다'고 하십니다. 열매가 결정적인 것입니다(마 7:20).

성령의 열매가 그리스도인의 삶입니다. 사역의 모습입니다. 삶의 결과입니다. 성령의 열매는 죄와 대비됩니다.

> 육체의 일은 분명하니 곧 음행과 더러운 것과 호색과 우상 숭배 … 이런 일을 하는 자들은 하나님의 나라를 유업으로 받지 못할 것이요(갈 5:19-21).

이와 대조되는 것들이 바로 성령의 열매입니다.

> 오직 성령의 열매는 사랑과 희락과 화평과 오래 참음과 자비와 양선과 충성과 온유와 절제니 이 같은 것을 금지할 법이 없느니라(갈 5:22-23).

우리에게 성령을 주신 궁극적 목적은 바로 이 열매에 있습니다.

이것이 성령의 능력의 본질입니다(롬 8:3-4). 성령의 능력은 은사와 열매로 나타나는데, 은사는 열매를 위한 것입니다. 성령 충만의 궁극적 목적은 현란한 인간 능력의 과시가 아니라 열매의 삶으로 맺어지는 거룩한 성령의 능력입니다. 사랑과 성결이 성령의 능력입니다.

정리하며 마음에 새기기

(1) 성령의 은사는 자신을 과시하는 능력이 아니라 교회에 유익을 끼치는 봉사를 하도록 하나님께서 교회에 주신 선물입니다. 자신을 위해 이기적으로 사용하면 그 순간부터 타락이 시작됩니다.

(2) 성령 충만의 궁극적 목적은 현란한 인간 능력의 과시가 아니라 열매의 삶으로 맺어지는 거룩한 성령의 능력입니다. 사랑과 성결이 성령의 능력입니다.

V.

그리스도인,
왜 사는가?
어떻게 살아야 하나?

16. 믿음: 은혜의 선물을 받는 순종의 손
17. 성경과 해석
    : 특별하지만 어렵지 않은 책
18. 그리스도의 몸
    : 교회, 거룩하지만 문제 많은 신비의 공동체
19. 예배
    : 성공적 인생을 위한 고귀한 시간 낭비
20. 봉사: 평신도는 없습니다
21. 사회
    : 권력과 그리스도인, 복종과 불복종의 경우
22. 윤리
    : 하나님 사랑과 이웃 사랑의 변증법
23. 종말: 종말론자가 현실주의자인 이유
24. 인생의 목적
    : 인생은 창조와 구원과 사랑입니다

16. 믿음
은혜의 선물을 받는 순종의 손

믿음이 아닌 것들
믿음 자체가 구원하는 것 아닙니다
왜 오직 은혜인가?
상식을 벗어나게 큰 은혜
은혜의 선물을 받으려면

기독교를 패러디하는 유행어 하나가 발음조차 센 소리로 변형된 '믿습니다!'입니다. 썩 유쾌하지 않은 조롱조의 흉내 내기 말이지만, 이 말이 그리스도교의 구원관을 잘 대표하는 것은 맞습니다. 아무리 불쾌하게 조소해도 포기할 수 없는 것, 버리면 절대로 안 되는 것이 바로 '믿음'입니다..

믿음이 아닌 것들

우선 우리는 성경이 말하는 '믿음'이 아닌 것들을 분별해야만 합니다.

믿음은 '주관성'(subjectivity)이 아닙니다. "그냥 내 생각이야. 상관하지 마 … " 식의 객관적 사실과 상관없이 자기 혼자 자기 주관에 의해 규정되고 자유롭게 취하는 주관적 마음 상태가 아니라는 말입니다. 정말인지 아닌지는 중요하지 않고 그냥 내가 마음대로 가질 수 있는 생각이니 건드리지 말라는 식의 '주관성'이 아닙니다.

믿음은 '생각 없이 믿는 경솔함'(credulity)이 아닙니다. "골치 아파. 난 몰라, 그냥 믿으면 돼 … " 식의 깊이 생각하지 않고 판단력이 없어 무슨 말을 하던 비판 없이 받아 잘 속고 받아들이는 믿음을 가진 이들에 대해 '천진난만'한 믿음을 가졌다고 말할 수도 없습니다. 분별력이 없어 무조건 다 받아들이는 것은 '무지함'(ignorance)입니다. 즉 믿음은 소위 '무조건 믿는 것'이 아니라는 말입니다.

믿음은 긍정 만능의 낙관(樂觀, optimism)이 아닙니다. "무조건 할 수 있다." "안 되면 되게 하라"는 식의 세뇌로 형성시킨 강고한 신념이 아니라는 것입니다. 원하는 대로 되리라는 느낌이 주도하는 긍정적 사고(positive thinking)의 자기 암시도 아닙니다.

그렇다면 성경에서 말하는 믿음은 무엇일까요? 하나님께서 독생자 예수 그리스도를 우리에게 주셨는데, 그분을 믿는 자마다 멸망하지 않고 영원한 생명을 얻게 된다는 구원의 믿음 말입니다(요 3:16). 예수님을 영접하는 일과 동일시한 바, 그 이름을 '믿는' 자에게 하나님의 자녀가 되는 특권을 주신다고 한 그 믿음입니다(요 1:12). 복음을 믿을 때 하나님께서 그를 의롭다 여겨 구원을 주시는 그 믿음 말입니다(롬 1:16-17).

믿음 자체가 구원하는 것 아닙니다

사도 바울이 복음과 믿음의 관계를 정리합니다.

네가 만일 네 입으로 예수를 주로 시인하며 또 하나님께서 그를 죽은 자 가운데서 살리신 것을 네 마음에 믿으면 구원을 받으리라. 사람이 마음으로 믿어 의에 이르고 입으로 시인하여 구원에 이르느니라(롬 10:9-10).

예수 그리스도의 죽음과 부활을 통해 하나님께서 하신 일을 마음으로 믿고, 그 믿음을 입으로 고백하면 의롭게 되어 구원을 받는다는 뜻입니다. 이것이 앞에서 배제한 주관, 무지, 낙관 등이 아니라면 그 의미가 무엇일까요?

우선 오해해서는 안 되는 점은 마음 현상으로서의 '믿음'이 자동적으로 우리를 구원하는 것이 아니라는 사실입니다. 엄밀하게 말해서 '나의 믿음'이 나를 구원하는 것이 아닙니다. 정말 그렇다면 나의 '신념'이 나를 구원하는 것입니다. 어떻게 해서든 조작된 나의 '마음 상태'가 나를 구원하는 것이 됩니다. 다른 종교에서처럼 어떤 깨달음의 내적 각성(覺醒)이 구원을 주는 것이 됩니다. 이런 의미에서 믿음으로 구원받는다고 생각하면 심각한 오류입니다.

구원(救援)이라는 단어의 뜻에 내포되어 있듯이, 그것은 하나님께서 우리에게 베풀어주시는 것이지 우리가 습득하거나 쟁취하는 것이 아닙니다. 우리가 우리 힘으로 만들어내는 것이라면 '구원'이라는 말 자체가 모순입니다.

너희는 그 은혜에 의하여 믿음으로 말미암아 구원을 받았으니 이것은 너희에게서 난 것이 아니요 하나님의 선물이라. 행위에서 난 것이 아니니 이는 누구든지 자랑하지 못하게 함이라(엡 2:8-9).

구원은 우리에게서 난 것이 아닙니다. 우리가 무엇인가 잘해서 '행위'(에르곤, work)로 구원을 따낸 것이 아니라 합니다. 하나님께서 우리를 위해 '해 주신 것'입니다. 그래서 '은혜'입니다. 그리스어 원문 "카리티 에스테 세소스메노이 디아 피스테

오스"(χάριτί ἐστε σεσῳσμένοι διὰ πίστεως, 8절)를 직역하면, "우리는 믿음을 통하여 은혜로 구원 되었다"입니다. 믿음이 우리를 구원하는 것이 아닙니다. 하나님께서 그분의 은혜로 우리를 구원하십니다. 그런데 '믿음을 통하여'(διὰ πίστεως), 하나님께서 은혜로 베푸시는 구원이 우리의 것이 됩니다.

분명히 해야 할 점입니다. 내가 나를 위해 할 수 있는 것은 없었습니다. 그래서 하나님께서 나서신 것입니다. 하나님께서 우리를 위해 큰일을 하셨습니다. 하나님 아들의, 우리를 위한 십자가 죽음과 부활입니다. 엄청난 은혜입니다. 그분이 우리의 죄를 용서하시기 위해 죽으셨습니다. 그분이 다시 사심으로써 죄의 삯인 죽음을 이기고 영원한 생명을 주셨습니다. '오직 은혜로만'(sola gratia) 구원을 받습니다.

왜 오직 은혜인가?

제가 하나님의 입장이 되어 생각해 봤습니다. 인간을 구원하기 위해, 모든 사람들이 요구하는 정의(正義, justice)의 잣대를 갖고 사람들의 겉으로 드러난 선행(善行)과 악행(惡行), 속에 감춰진 선의(善意)와 악의(惡意)까지 모두 계량화하여 더하기 빼기를 다 한 뒤 최종 점수를 내고 합격점으로 커트라인을 잡으려니 난감했습니다.

100점 만점에 흔히 낙제 기준으로 삼는 60점을 생각해 보았습니다. 제가 잘 알고 있는 사랑하는 사람들 중 아쉽게도

59점을 맞은 사람들이 보였습니다. 1점 때문에 억울한 사람들이 너무 많다는 느낌이 들었습니다. 그래서 59점을 기준으로 하니 다시 58점을 맞아 지옥에 떨어져야 하는 불쌍한 이들이 어른거려 그 또한 못할 짓이었습니다.

이렇게 기준을 계속 낮추다 보니 '거룩함'도 '의'도 없는 것이 되고 맙니다. 그래서 기준을 높이려고 마음먹으니 그것도 문제입니다. 90점을 기준으로 삼으면 89점이 울고 95점을 기준으로 삼으면 94점이 억울합니다. 결론을 내렸습니다. 잘하고 못한 공과(功過)와 착하고 악한 심성(心性)을 기준으로 사람들을 구원하려면 기준을 100점 만점으로 하는 수밖에 없다고 … . 원칙은 이것밖에 없었습니다. 그래야 진짜 정의가 됩니다.

> 누구든지 율법 책에 기록된 대로 모든 일을 항상 행하지 아니하는 자는 저주 아래에 있는 자라 하였음이라(갈 3:10).

> 누구든지 온 율법을 지키다가 그 하나를 범하면 모두 범한 자가 되나니 … (약 2:10).

그런데 기준을 이렇게 잡고 보니 단 한 명도 구원 받을 사람이 없었습니다.

> 모든 사람이 죄를 범하였으매 하나님의 영광에 이르지 못하더니 … (롬 3:23).

아, 이럴 수는 없습니다. 사랑하는 저들을 어찌해야 되나!

상식을 벗어나게 큰 은혜

정의의 기준으로는 안 되니, 은혜의 방법 외에 다른 길이 없었습니다. 그래서 그들의 죄 값을 내가 부담하고, 점수를 맞을 수 있는 능력 크기에 상관없이 구원하는 전폭적 은혜를 선포했습니다. 아버지는 돌아올 분깃의 아버지의 재산을 미리 받아 갖고 나가 허랑방탕한 일에 탕진한 아들이 돌아오니까 묻지도 따지지도 않고 그냥 받아줄 뿐 아니라 새 옷을 입히고 살진 송아지를 잡아 큰 잔치를 벌이고 즐거워하고 기뻐했습니다. 벌을 받아야 마땅한 자식에게 상을 준 셈입니다. 집에 있던 큰 아들이 분노할 정도로 상식을 벗어나는 큰 은혜를 베풀었습니다(눅 15:11-32).

예수 그리스도 안에서 베풀어진 하나님 은혜의 크기와 범위는 가늠조차 못했던 정도였습니다. '세리와 죄인'이라는 말은 하나님 나라가 임하면 확실하게 심판을 받게 될 사람들을 가리키는 사회학적 배제의 용어였습니다. 그런데 하나님 나라를 선포하며 등장한 예수님이 '반드시 배제시켜야 하는 이 사람들'을 품어 친구가 되니, 하나님 나라를 고대하던 의인들인 서기관과 바리새인의 분노를 샀습니다(눅 7:34). 그 은혜가 너무 커서 은혜라는 생각에 앞서 불법과 무질서라는 느낌이 들었던 것입니다. 그래서 '자기의'(self-righteousness)의 정의감으로 그리스도인들에게 늘 화가 나 있었던 바울이 이 큰 은혜를 알고 난 뒤에는 전혀 논리적이지 않은 발언을 했습니다.

죄가 더한 곳에 은혜가 더욱 넘쳤나니 … (롬 5:21b).

하나님의 은혜가 워낙 크기 때문에 그 은혜로 덮지 못할 죄가 없다는 깨달음이었습니다.

은혜의 선물을 받으려면

하나님께서는 우리를 이렇게 은혜로 구원하십니다. 그래서 선물입니다. 큰 선물입니다. 선물을 받는데 필요한 것이 무엇인가요? 없습니다. 지갑 열어 돈 내려 할 필요 없습니다. 그냥 받으면 됩니다. 그냥 받는 길밖에 없습니다. 은혜의 선물이니 거저 받기 위해 순종하여 내민 손이 바로 믿음입니다.

믿음은 박사 과정을 밟아야 습득되는 복잡한 인식 능력이나 오래 도를 닦아 연마하는 특출한 정신 작용이 아닙니다. 믿음은 하나님께서 예수 그리스도 안에서 우리를 위해 '다 이루신'(요 19:30) 구원의 선물을 '감사합니다!' 고백하며 받기 위해 내민 손입니다. 선물을 주셔도 손 내밀어 받지 않으면 내 것이 되지 못합니다.

들은 바 그 말씀이 그들에게 유익하지 못한 것은 듣는 자가 믿음과 결부시키지 아니함이라. 이미 믿는 우리들은 저 안식에 들어가는도다(히 4:2-3).

선물을 받고 거기에 '더하기(+) 믿음'을 하면 그것이 공짜로 나의 것입니다.

그리스도 예수 안에 있는 속량으로 말미암아 하나님의 은혜로 값없이 의롭다 하심을 얻은 자 되었느니라(롬 3:24; 사 55:1).

내가 복음을 부끄러워하지 아니하노니 이 복음은 모든 믿는 자에게 구원을 주시는 하나님의 능력이 됨이라 … 복음에는 하나님의 의가 나타나서 믿음으로 믿음에 이르게 하나니 기록된 바 오직 의인은 믿음으로 말미암아 살리라 함과 같으니라(롬 1:16-17).

정리하며 마음에 새기기

(1) 믿음은 객관성 없는 주관적 마음 상태, 무조건 받아들이는 무지(無知), 반드시 이루리라는 신념, 또는 자기 암시의 낙관주의가 아닙니다.

(2) 엄밀하게 말해서 믿음으로 구원받는 것이 아닙니다. 오직 은혜로만 구원을 받습니다. 믿음은 은혜의 선물을 받기 위해 내민 손과 같습니다.

17. 성경과 해석

특별하지만 어렵지 않은 책

인간의 책, 그러나 동시에 하나님 말씀
성경의 영감이라는 것
성경의 이해와 해석

인간의 책, 그러나 동시에 하나님 말씀

성경은 분명히 인간의 손을 빌어 기록된, 인간적 요소를 담고 있는 인간의 책입니다. 여러 계층의 다양한 신분에 속하는 약 40명의 기록자가 1500년에 걸쳐 세 가지 다른 언어(히브리어, 아람어, 그리스어)를 사용하여, 다양한 형식으로 쓴 66권의 낱권을 모아 한 권으로 엮였습니다. 바로 이렇게 '서적과 글'의 특성과 인간의 언어를 사용했기 때문에 성경을 인간의 책이라고 합니다.

또한 표현 방식과 어법 또는 인명과 지명 등이 모두 기록될 당시의 문화를 반영하고 있습니다. 그래서 그때의 문화를 이해하지 않고는 뜻을 제대로 파악할 수 없는 부분이 꽤 있습니다. 또한 40명의 저자가 쓴 66권의 개별서를 자세히 뜯어보면 각 저자의 문체와 스타일이 개성으로 뚜렷하게 드러납니다. 이것이 '성경의 인성'(人性)입니다.

그러나 성경에는 인간의 책으로만 설명할 수 없는 부분이 참 많습니다. 수많은 사람이 성경을 읽을 때에 기록자 40인의 표현이 아니라 한분 하나님의 음성을 듣습니다. 성경을 통하여 죽어가던 영혼이 살아나고, 극악한 죄수가 새 사람이 되며, 절망에서 희망으로 전환하는 삶의 혁신이 발생하고, 인간 이성만으로는 설명할 수 없는 기적들을 체험하기도 합니다.

외적으로 보아도 신비함이 또렷합니다. 성경의 표면적 특성만을 관찰할 때 드러난 개인적 문화적 다양성은 그 내면을 들여다 볼 때 이루어내는 신비에 가까운 통일성의 외피(外

皮)일 뿐입니다. 다양한 시대에 각양각색 사람들이 오랜 기간 서로를 모르면서 기록한 문헌들을 모았는데 동일 범주의 주제를 다루고 있으며 제시하는 진리의 내적 발전 과정과 궤적이 뚜렷하게 보이는 이 현상에 대한 윌리엄 오어(William W. Orr)의 결론입니다.

만족스러운 답변은 오직 하나밖에 없다. 이 사람들의 능력을 사용하거나 또는 능력 없는 이들에게는 능력을 주어 하나님께서 이들을 통해서 자신의 말씀을 하신 것이다. 하나님께서 그들로 하여금 하나님의 계획에 대한 성경을 기록하도록 만드신 것이다(Bill Bright, *Ten Basic Steps Toward Christiian Maturity, Teachers Manual*, 235에서 인용).

성경의 영감이라는 것

이것을 '성경의 영감'(inspiration)이라고 합니다. 하나님께서 성경을 기록하기 위해 인간을 사용하셨고, 글을 쓰는 그 인간의 마음과 인격과 사역에 하나님께서 자신의 뜻과 생각을 불어 넣으셨다는 믿음입니다.

성경의 모든 예언은 사사로이 풀 것이 아니니 예언은 언제든지 사람의 뜻으로 낸 것이 아니요 오직 성령의 감동하심을 받은 사람들이 하나님께 받아 말한 것임이라(벧후 1:20-21).

모든 성경은 하나님의 감동으로 된 것으로 교훈과 책망과 바르게 함과 의로 교육하기에 유익하니(딤후 3:16).

성경이 인간의 언어와 문화적 표현을 통해 기록된 인간의 책이면서 동시에 하나님 말씀이 되는 것은 바로 이 '영감(靈感)' 때문입니다.

인간은 삶과 사고에 있어서 가시적 물질성을 지니지 않은 존재와 그 영향력을 인식하지 못해 무작정 무시하는 경향이 있습니다. 그래서 보이지 않는 하나님에 대하여 알지도 못하며 제대로 논하지도 않습니다. 역사 속에서 발생한 사건들을 기록할 때도 물질적, 사회적 인과 관계의 외적 현상만 보지 그 속에 흐르는 하나님의 뜻과 영적인 힘의 신비한 관계를 파악하지는 못합니다.

인간의 이러한 무지와 몰지각에도 불구하고 이 세계를 다스리시는 하나님은 엄연히 인간 역사에 개입하여 인간과 관계를 가지십니다. 종종 초역사, 초자연적 방법을 쓰기도 하시지만 그것들은 언제나 예외적입니다. 항상 초역사적이고 언제나 초자연적일 때 이미 세상은 더 이상 지금의 세상이 아니기 때문입니다. 현재의 역사와 자연이 새로운 양태를 지니게 되는 때가 반드시 있을 것입니다. 그것을 종말(終末)이라 합니다. 그러나 아직은 그 때가 아니기 때문에 하나님께서 역사적 방법과 인간적 방식으로 말씀하며 들어오신 것이 성경입니다. 그래서 예수 그리스도께서 100퍼센트 참 하나님이시면서 100퍼센트 참 인간인 것처럼, 성경도 인간의 책이면서 동시에 하나님 말씀으로 성육신(成肉身, incarnation)한 계시의 결정(結晶)입니다.

성경의 이해와 해석

성경은 하나님의 감동으로 기록되었습니다. 그렇기 때문에 성경을 읽을 때도 성령의 감동이 있어야만 이해가 됩니다. 우선은 예수님을 영접하여 거듭나야 성경이 마음에 와 닿습니다. 조롱하던 성경이, 예수님을 영접하여 성령이 거하시면서 꿀과 같이 달게 느껴지며 한 절 한 절이 영혼 속으로 쏙쏙 들어오는 체험을 합니다.

그러나 그들의 마음이 완고하여 오늘까지도 구약을 읽을 때에 그 수건이 벗겨지지 아니하고 있으니 그 수건은 그리스도 안에서 없어질 것이라 … 언제든지 주께로 돌아가면 그 수건이 벗겨지리라. 주는 영이시니 주의 영이 계신 곳에는 자유가 있느니라(고후 3:14-17).

그래서 성령의 인도를 구하는 기도와 함께 읽어야 합니다. 시편 기자는 이렇게 기도했습니다.

내 눈을 열어서 주의 율법에서 놀라운 것을 보게 하소서(시 119:18).

하나님께서 우리에게 주신 성경은 특별하고 특수하며 한정된 목적을 지닌 책입니다. 그러므로 성경을 다음과 같이 주의하여 보아야 합니다.

1) 성경을 백과사전처럼 취급하면 안 됩니다. 성경은 삼라만상의 모든 현상과 사물을 섭렵하여 빠짐없이 다룰 것을 의도한 백과사전이 아닙니다. 성경이 인간사의 의미에 대한 답을 줍니다. 그러나 인류 역사의 자세한 내용과 사건들의 기록은 세계사 책에서 찾아야 합니다. 성경이 사물 존재의 궁극적 기원에 대한 답을 줍니다. 그러나 사물 운동의 원리와 존재 양식에 대한 자세한 설명을 위해서는 과학자들의 책을 읽어야 합니다. 성경을 통해 '인간의 본성이 어떠한지'를 규명합니다. 그러나 다양한 성격 이상과 정신 질환의 진단과 치료의 방법을 알기 위해서는 심리학자와 정신 치료 전문가를 만나야 합니다. 하나님께서는 백과사전을 목적하여 우리에게 성경을 주시지 않았습니다. 성경에는 특정적인 자신의 영역이 있습니다.

2) 성경을 육법전서로 보아서는 안 됩니다. 개신교의 구약성경과 동일한 유대인의 성경을 '토라'라고 부르기도 합니다. '토라'는 본래 성경의 첫 다섯 권의 책 '모세 오경'의 통칭인데 히브리 성경(기독교의 구약성경) 전체를 가리키는 말이기도 합니다. 이를 '율법서'(law)라고 번역했으나 사실 히브리말 '토라'는 '가르침'(teaching) 또는 '교훈'(instruction)을 뜻하는 말

로 로마식 '법률' 개념과는 조금 거리가 있습니다.

성경 안에 '법'에 해당하는 글들이 포함되어 있기는 하지만 주종을 이루는 것은 하나님과 인간 사이의 인격적 관계의 이야기입니다. 구약에서도 선지자 전통은 토라의 규례 조항보다는 토라 정신인 '하나님 사랑'과 '이웃 사랑'을 역설합니다. 이것이 예수님의 해석이었습니다. 진짜 중요한 것은 의(義)와 인(仁)과 신(信)이었습니다(마 23:23). 인간 세계는 법에 의존하고 법은 시간이 지날수록 더 자세할 것을 요구합니다. 인간은 규정의 약점을 발견해 빠져나갈 구멍을 만들기 때문에 그것을 막기 위해 다시 더욱 자세한 규정이 더해집니다.

성경은 이와 같이 인간의 잘못된 행위를 금지하고 재판하기 위해 세밀함을 더해가는 법전(法典)이 아닙니다. 성경을 법전으로만 보는 사람은 성경을 다른 사람을 판단하는데 이용하거나 자신을 양심의 가책으로 옭아매는 일에 얽매이는 경향이 있습니다. 성경 안에는 법과 도덕과 원칙이 있습니다. 그러나 그것은 근본적으로 하나님과 인간 사이의 인격적 관계를 정의하기 위한 일정 부분일 뿐입니다. 성경을 심판의 칼로 쓰려 하지 마십시오.

3) 성경이 하나님 말씀이고 인간 차원의 구문 이해로만은 의도한 의미를 붙잡을 수 없다는 점을 곡해하여 그릇되게 사용되는 경우도 주의해야 합니다. 대개 물의를 일으키는 사이비 종교 집단들이 성경을 암호로 가득한 비밀 문서로 간주하여 교주가 자의로 풀어 엉뚱한 짓을 하는 것을 보게 됩니다. 성경에 상징과 비유가 있는 것은 사실입니다. 그러나 성경은

결코 '숨기기 위해 기록된 암호문'이 아닙니다. 성경은 '밝히 보여주기 위해서 기록된 계시(啓示, revelation, 드러낸다는 뜻)'입니다. 감추는 것을 목적으로 한 글은 숨겨진 의미를 알려줄 수 있는 사람의 특별한 코드 풀이가 필요합니다. 저자와 독자 사이에 공유되는 일반적 소통의 법칙을 무시합니다. 간첩을 위한 지령은 숫자로만 이루어져 있어 해독을 위해 난수표를 사용해야 되었습니다. 이 경우 그 상징과 은어를 공유하는 사람들만이 그 문서를 읽을 수 있게 됩니다.

성경에도 요한계시록이나 다니엘서 같이 약간의 암호 문서의 성격을 띤 글들이 있기는 합니다. 그러나 그런 글들은 특별한 사정이 있어 그와 같은 방식을 취한 것이고, 대부분의 성경은 역사, 내러티브(이야기체), 편지, 시(詩), 사실 보고 등과 같이 일반과 공유되어 의사소통에 전혀 어려움이 없는 문헌 장르로 기록되어 있습니다. 즉 성경은 전달을 목적으로 하지 숨김을 목적한 글이 아니라는 말입니다. 단지 어려움이 있다면 기록자들과 우리 사이에 시공간의 거리가 있다는 점뿐입니다. 이 거리를 극복하기 위해 전문가들로부터 약간의 도움을 받으면 누구나 구문상의 어려움 없이 읽을 수 있는 것이 성경입니다. 혹 성경을 마법서처럼 대하거나 비밀문서처럼 풀면서 그것을 영해(靈解)라고 강요하는 사람이 있다면 즉각 그 정체를 의심해도 좋습니다.

성경은 구체적으로 인간에게 구원의 길을 알려주고 하나님의 사람으로 온전하게 하여 선한 일을 할 능력을 갖추게 하는데 그 유익이 있는 책입니다(딤후 3:16-17). 구원을 위한 책입니다. 사람 만드는 책입니다. 이 목적에 부합되지 않게 사용하거나 기록의 방식에 어긋나는 엉뚱한 해석 시도를 하면 성경을 주신 하나님께서 많이 당황하실 것입니다.

정리하며 마음에 새기기

(1) 하나님께서 역사적 방법과 인간의 방식으로 말씀하여 들어오신 것이 성경입니다. 그래서 성경은 인간의 책이면서 동시에 하나님의 말씀입니다.
(2) 성경은 백과사전이 아닙니다. 육법전서를 의도하지도 않습니다. 특별한 코드를 필요로 하는 암호문도 아닙니다. 성경은 이해하기 쉬운 구원의 책입니다. 사람 만드는 책입니다.

18. 그리스도의 몸

교회, 거룩하지만 문제 많은 신비의 공동체

정체(identity) - 에클레시아
본질(nature) - 그리스도의 몸
현실적 특성(character) - 죄인이며 거룩한 성도
사명(mission) - 미셔널 교회

정체(identity) - 에클레시아

교회를 가리키는 신약성경의 헬라어는 '불러내 모인 사람들'의 뜻인 '에클레시아'(ἐκκλησία)입니다. 원래 정치 용어입니다. 고대 도시 국가가 소집해서 모인 시민들, 즉 민회(民會)입니다. 이 말을 그리스도인들이 사용하면서 오늘날 '교회'의 뜻으로 정착된 것입니다. 누가 불러내서 모였나요? 하나님이 부르셨습니다. "하나님의 교회 곧 그리스도 예수 안에서 거룩하여지고 성도라 부르심을 받은 자들"입니다(고전 1:2).

죄가 들어와 세상이 망가졌습니다. 그래서 하나님께서 세상을 변화시키기 위해 아브라함을 불러내 그 후손 이스라엘을 하나님 백성으로 만드셨습니다. 그들과 언약을 세우셨습니다. 그런데 그 언약 백성 이스라엘이 실패했습니다. 언약이 깨졌습니다. 그래서 선지자들을 통해 새 언약을 수립할 것을 약속하셨습니다(렘 31:31, 겔 37:26-28). 예수님께서 오셔서 우리 죄를 위해 죽으시면서 그분의 보혈로 새 언약을 세우셨습니다(눅 22:20, 고전 11:25).

이 '새 언약'(新約) 안에서 다시 하나님 백성을 만드셨습니다. 그것이 '에클레시아'입니다. 구약에서는 이스라엘이 하나님 백성이고 신약에서는 교회가 하나님 백성입니다. 그렇듯이 교회는 사람입니다. 신약성경에서 '교회'는 건물에 비유된 적은 있으나 단 한 번도 건물을 가리킨 적이 없습니다. 교회는 사람입니다.

베드로가 예수님을 주님과 그리스도로 고백했을 때 예수

님께서 선언하셨습니다.

> 너는 베드로라. 내가 이 반석 위에 내 교회를 세우리니 음부의 권세가 이기지 못하리라(마 16:18).

인간 베드로 위에 교회를 세우신다는 뜻이 아닙니다. 그가 한 고백 위에 교회를 세우시는 것입니다. '예수가 그리스도'라는 신앙고백이 교회가 서 있는 기초로서의 반석입니다. 설명하기 위해 '반석'이라는 뜻인 시몬의 별명, 베드로(게바)를 활용하신 것입니다.

예수님을 그리스도와 주님으로 고백하는 이 전 세계 교회는 하나입니다. 모든 시대와 모든 지역을 다 포괄하는 이 보편 교회(Universal Church)가 하나님 백성입니다. 그러나 이 보편 교회는 반드시 인간의 삶의 공간인 지역에서 시대적, 문화적 특성을 반영하는 개별 지역 교회로 존재합니다. 신약성경에서 그랬듯이 지금 우리가 속한 지역 교회는 우리 삶의 현장에서 보편 교회를 대표합니다. 지역 교회는 보편 교회의 한 부분이면서 동시에 같이 예배하고 함께 사명을 감당하는 지역 교회 공동체 안에 보편 교회가 있습니다.

본질(nature) - 그리스도의 몸

이 교회를 단수를 사용해 '한 사람'이라 했습니다.

이 둘(유대인과 이방인)로 자기 안에서 한 새 사람을 지어 … (엡 2:15).

전 세계 보편 교회가 '한 사람'이고 특정 공간에 위치한 지역 교회도 '한 사람'입니다. 어떻게? 그리스도의 몸이기 때문입니다.

교회의 머리는 그리스도입니다(엡 1:22; 골 1:18). 그러니 교회는 그리스도의 몸입니다(고전 12:27).

우리가 유대인이나 헬라인이나 종이나 자유인이나 다 한 성령으로 세례를 받아 한 몸이 되었고 또 다 한 성령을 마시게 하셨느니라(고전 12:13).

하나님의 영이며 그리스도의 영이신 성령도 한 분입니다(엡 4:4). 그런데 그 성령이 각 개별 신자들 안에 거하십니다(고전 6:19). 각자 한 성령을 마셨습니다. 그렇다고 만유보다 크신 하나님의 영이 쪼개지는 것이 아닙니다(요 10:29). 그러니 다 같이 한 몸입니다.

더 나아가서 교회는 그리스도 자신이십니다. 바울이 문제 많던 교회에 보낸 편지의 한 문장이 우리를 놀라게 합니다.

몸은 하나인데 많은 지체가 있고 몸의 지체가 많으나 한 몸임과 같이 그리스도 그러하니라(고전 12:12).

'교회'라는 말이 기대되는 곳에서 그냥 '그리스도'라고 했습니다. 교회가 그리스도입니다. 그리스도는 '하나님이 인간의 몸을 입으신 성육신'이기 때문에 그리스도의 몸인 교회는 지금 이 세상에서 '그 성육신의 연장'(extension of incarnation)입니다. 교회가 그리스도입니다. 이 문제 많은 인간들로 이루어진 교회를 그대로 그리스도라 하십니다.

바울이 초대 교인들을 박해할 때 이미 죽은 예수를 괴롭히려는 것이 아니었습니다. 그 죽은 예수를 믿고 따르는 사람들인 교회를 혹세무민하지 못하게 혼내 주려 한 것뿐입니다. 그런데 그에게 나타나신 그리스도께서 말씀하셨습니다.

네가 어찌하여 나를 박해하느냐(행 9:4; 22:7).

교회가 곧 그리스도였기 때문입니다. 바울이 교회가 그리스도의 몸인 것을 깨달았던 이유인 것 같습니다.

이 진리에 충실하다면 '교회 없는 그리스도인'이란 없습니다. 신자인데 교회에는 속하지 않았다고 하는 것은 그리스도인인데 그리스도와 상관없다고 말하는 어폐입니다.

나는 포도나무요 너희는 가지라 … 나를 떠나서는 너희가 아무 것도 할 수 없음이라. 사람이 내 안에 거하지 아니하면 가지처럼 밖에 버려져 마르나니 사람들이 그것을 모아다가 불에 던져 사르느니라(요 15:5-6).

나무와 떨어져 있는 가지는 죽은 것입니다. 겨울에 겉보기에는 붙어있는 가지나 땅에 떨어져 있는 가지나 별 차이 없습니다. 둘 다 죽어있는 것 같습니다. 그러나 분명히 다릅니다. 하나는 생명이 있고 또 하나는 생명이 없습니다. 봄이 되면

둘의 차이가 확연해집니다. 하나는 싹이 나고 잎이 돋아 열매를 맺습니다. 하나는 그대로 말라비틀어지거나 내리는 비에 썩어 문드러집니다.

그런데 하나님께서는, 추운 겨울에 바짝 말라 붙어있지만 땅에 뒹구는 가지와 별 차이 없어 보이는 못 나고 때 묻은 가지를 거룩하신 그리스도의 지체라고 하십니다. 고린도의 그 한심한 사람들이 그리스도 몸의 지체랍니다. 어린애 같이 싸우면서, 성적으로 부도덕하기도 하고, 성찬식 때 포도주에 취하는가 하면, 우상 제물의 문제로 뭘 어떻게 해야 할지 몰라 혼란에 빠지는 이 사람들을 여전히 "고린도에 있는 하나님의 교회 곧 그리스도 예수 안에서 거룩하여지고 성도라 부르심을 받은 자들"이라고 정의합니다. 그런데 빈 말이 아닙니다. 사실이기 때문입니다. 못나고 말라 비틀어졌지만 몸체에 붙어 있는 이 가지들이 거룩한 백성이며 성도입니다. 하나님의 교회입니다. 왜? 예수를 그리스도라 고백하며 구세주와 주님으로 모셨기 때문입니다.

혹시 자신이 고결해서 무식하고 더러운 교인들과 어울리지 못하겠다는 말하는 사람이 있다면 그는 자기가 그리스도보다 더 거룩하다고 말하는 것이나 마찬가지입니다. 심각한 교만입니다. 아는 것 같으나 아무것도 모르는 무지입니다. 혹여라도 그리스도와 떨어져 있으면 안 됩니다. 3세기 카르타고의 감독이었던 키프리언이 말했습니다.

교회를 어머니로 섬기지 않으면 하나님을 아버지로 모실 수 없습니다.

현실적 특성(character) - 죄인이며 거룩한 성도

바로 여기에 교회의 현실적 특성이 있습니다. 죄 용서함을 받아 성도라 부름을 받은 '그리스도의 몸'이지만 아직 충분히 성화되지 못해 여전히 죄의 영향 아래 놓여있는 사회학적 인간 집단입니다. 교회는 용서받은 죄인들의 모임입니다. 고린도 교회의 그 한심한 모습이 사실상 현실 교회의 모습입니다.

우리가 그리스도인이 된 것은 세상과 근본적으로 다른 흠결 없는 도인(道人)의 경지에 이르렀기 때문이 아닙니다. 우리가 세례를 받는 것은 득도하여 '이제 됐다'는 검정 필 도장을 받는 것이 아닙니다. 그런 자격과 능력이 내게 없는 것을 알아서 예수 그리스도 안에서 하나님의 은혜 아니면 살 수 없다는 '모자람의 고백'이 세례입니다. 그렇게 우리는 교회가 됩니다. 그래서 교회는 이렇게 모자라는 사람들로 이뤄져 있어, 정도의 차이는 분명히 있지만 세상에서 죄인들 사이에 있는 일들이 여전히 발생할 수 있는 사회학적 인간 집단입니다. 그래서 서로 용서하며 사랑하지 않으면 안 되는 공동체가 교회입니다(마 6:12; 엡 4:32).

교회는 그리스도의 몸이면서 동시에 용서받은 죄인들로 이뤄진 사회학적 인간 집단입니다. 인간 역사 속의 교회는 단 한 번도 완전한 그리스도의 몸으로서의 이상에 도달해 본 적이 없습니다. 그러나 동시에 하나님의 붙잡으심으로 교회가 교회 아닐 정도로 부패하게 내버려둠을 당하지도 않습니다. 주님 다시 오실 때까지 이 땅의 교회는 이 양자의 긴장 가운데 있습니다. 우리는 이 긴장을 성공적으로 살아내야 합니다.

사명(mission) - 미셔널 교회

그리스도께서는 이 미숙한 공동체를 그대로 세상에 보내십니다. 우리말의 '선교'로 번역된 mission은 라틴어 동사 '미시트'(misit)에서 비롯되었고 그 의미는 '보내다'입니다.

아버지께서 나를 보내신 것 같이 나도 너희를 보내노라(요 20:21).

교회는 세상과 구별되어 부름 받아 모인 '에클레시아'지만 다시 세상 속으로 '가라'고 보냄을 받는 '디아스포라'(διασπορά, 흩어짐)입니다. 세상에 보냄을 받아 세상 속에서 살며 세상에서 그리스도가 할 일을 감당하는 그리스도의 지체입니다. 교회는 그리스도의 홍보 대사입니다.

너희는 택하신 족속이요 왕 같은 제사장들이요 거룩한 나라요 그의 소유가 된 백성이니 이는 너희를 어두운 데서 불러내어 그의 기이한 빛에 들어가게 하신 이의 아름다운 덕을 선포하게 하려 하심이라(벧전 2:9).

교회는 실존적으로 반드시 '미셔널 교회'(missional church)입니다. 세상은 본질상 교회에 우호적이지 않습니다(마 5:11-

12). 그런데 예수님께서는 제자들이 그 적대적인 세상에 꼭 필요한 소금이며 빛이라고 하십니다(마 5:13-14). 빛과 소금이 되라고 하시는 것이 아닙니다. 그냥 단정하여 선언하십니다. 당신들이 세상의 소금이다. 너희들이 세상의 빛이다. 이것이 교회입니다. 에밀 브루너(Emil Brunner)의 명언입니다.

불이 타오름으로 존재하듯이 교회는 사명으로 존재합니다. 사명이 없으면 교회도 없습니다.

정리하며 마음에 새기기

(1) 그리스도께서 '하나님이 인간을 입으신 성육신'이기 때문에 그리스도의 몸인 교회는 지금 이 세상에서 '그 성육신의 연장'입니다. 교회가 그리스도입니다.
(2) 현실 교회는 그리스도의 몸이면서 동시에 용서받은 죄인들로 이뤄진 사회학적 인간 집단입니다. 이 땅의 교회는 이 양자의 긴장 가운데 살아갑니다.
(3) 불이 타오름으로 존재하듯이 교회는 사명으로 존재합니다.

19. 예배

성공적 인생을 위한
거룩한 시간의 낭비

경우 없는 사람들의 예배 실패
인생의 최우선 행위
예배를 회복한 사람들
주일 예배의 의미와 중요성
고귀한 시간의 낭비에 대해

경우 없는 사람들의 예배 실패

너희 중에 성전 문을 닫을 자가 있었으면 좋겠도다. 내가 너희를 기뻐하지 아니하며 너희가 손으로 드리는 것을 받지도 아니하리라(말 1:10).

하나님께서 왜 이러시나요? 바벨론에서 돌아온 사람들은 하나님의 사랑을 의심하면서 상해서 먹지 못할 떡을 제단에 진설병으로 드렸습니다(1:7). 하나님을 거지 취급한 것입니다. 이상이 있거나 병들어 쓸모 없는 짐승을 하나님께 제물로 드렸습니다(1:8a). 하나님께서 말씀하십니다.

이제 그것을 너희 총독에게 드려 보라. 그가 너를 기뻐하겠으며 너를 받아 주겠느냐?(1:8b).

말라기 시대, 일이 잘 풀리지 않았습니다. 그러자 하나님의 은혜를 구합니다. 그런데 은혜를 구하는 이들의 제사를 보니 이렇게 경우가 없었습니다.

너희는 나 하나님께 은혜를 구하기를 우리를 긍휼히 여기소서 하여 보라 너희가 이같이 행하였으니 내가 너희 중 하나인들 받겠느냐?(1:9).

그들은 예배에 실패함으로써 삶에서 실패했습니다. 지금도 마찬가지입니다. 예배에 성공하는 사람이 인생에 성공합니다. 예배에 실패하는 사람은 삶에 실패합니다. 왜 그런가요?

인생의 최우선 행위

인간은 하나님께서 만드신 피조물입니다. 하나님의 형상을 따라 만물의 영장이라 할 만큼 특별하게 지으셨지만 그래도 분명히 '만들어진 피조물'입니다. 피조물은 만드신 분의 것입니다. 그래서 인간은 자신의 것이 아닙니다. 창조주 하나님의 것입니다. 인간은 자신을 위해 존재하기 이전에 하나님을 위해 존재한다는 것을 잊지 말아야 합니다. 그래서 하나님을 위한 목적을 이룰 때 인간은 참 인간이 되고 자신을 위해서도 행복합니다. 사람은 하나님의 영광을 위하여 창조되었습니다(사 43:7).

그러니 사람의 제1 관계는 당연히 자신을 만드신 창조주와의 관계입니다. 인간만이 하나님 형상을 따라 지음 받았습니다. 하나님과의 소통을 위해서입니다. 하나님과의 관계가 존재의 필수적 기본이기 때문입니다. 사람에게 제일 큰 계명은 마음과 목숨과 뜻과 힘을 다하여 하나님을 사랑하는 것입니다(막 12:28-30). 하나님을 사랑하는 사람이 첫 번째로 해야 할 일은 그분께 예배를 드리는 것입니다(겨 4:11; 시 29:1-2; 시 96:8). 당연히 이것이 바로 되어야 인생이 제대로 갑니다. 하나님을 하나님 되게 할 때 사람은 참 사람이 됩니다. 인본주의자들에게는 미안한 말이지만 다른 길이 없습니다. 피조물인 사람이 사람 되려고 사람의 방법으로 아무리 애써도 답은 나오지 않습니다.

> 이 백성은 내가 나를 위하여 지었나니 나를 찬송하게 하려 함이니라(사 43:21).

인간은 다른 무엇보다 먼저 하나님께 예배를 드려야 합니다. 인간이 살면서 하는 활동인 노동, 공부, 사랑, 놀이, 이 모든 것 앞에 하나님과의 관계인 예배가 있어야 그것들이 의미 있게 제 자리를 잡습니다. '예배의 부재(不在)'가 인간 타락의 시작이며 패망의 근본적 이유입니다. 로마서 1:18-32에 인간이 죄로 망하게 되는 과정이 기술되어 있습니다. 그 시작은 예배의 부재입니다.

> 하나님을 알되 하나님을 영화롭게도 아니하며 감사하지도 아니하고 오히려 그 생각이 허망하여지며 미련한 마음이 어두워졌나니 … (롬 1:21).

예배를 회복한 사람들

이스라엘의 실패는 이 예배의 실패에서 왔습니다. 그런데 선민 이스라엘의 예배 실패와 대조적으로 전 세계 이방인들이 하나님의 이름을 부르며 참 예배자가 되어 나아올 것이 예언됩니다.

해 뜨는 곳에서부터 해 지는 곳까지의 이방 민족 중에서 내 이름이 크게 될 것이라. 각 처에서 내 이름을 위하여 분향하며 깨끗한 제물을 드리리니 이는 내 이름이 이방 민족 중에서 크게 될 것임이니라(말 1:11).

주전 400년 경 당시로는 이 일이 어떻게 가능할지 상상도 못했을 것입니다. 그러나 그리스도께서 오셔서 단 한 번에 거룩한 제물이 되어 죄 가운데 있는 우리를 구원하셨습니다(히 7:27; 9:26). 그래서 그리스도인들은 그리스도로 인하여 올바른 예배를 드릴 수 있게 된 사람들입니다.

그러므로 형제들아 우리가 예수의 피를 힘입어 성소에 들어갈 담력을 얻었나니 그 길은 우리를 위하여 휘장 가운데로 열어 놓으신 새로운 살 길이요 휘장은 곧 그의 육체니라 … 맑은 물로 씻음을 받았으니 참 마음과 온전한 믿음으로 하나님께 나아가자(히 2:19-22).

우리가 예정을 입어 그 안에서 기업이 되었으니 이는 우리가 그리스도 안에서 전부터 바라던 그의 영광의 찬송이 되게 하려 하심이라(엡 1:11-12).

따라서 교회는 우선적으로 예배 공동체입니다. 일반적으로 교회가 해야 하는 일로 예배, 선교, 교육, 봉사, 교제(친교) 등 다섯 가지를 언급합니다. 다 중요한 사역들입니다. 그러나 형편에 따라 이 중에서 한두 가지가 빠지는 경우도 있을 수 있습니다. 하지만 이것들 중 없으면 교회가 교회 아니게 만드는 것이 있습니다. 예배입니다. 혹시 다른 네 가지가 다 빠진다 할지라도 여전히 교회일 수는 있지만 만일 예배가 없으면 절대로 교회가 아닙니다. 예배가 없으면 더 이상 신자가 아닙니다. 예배가 없으면 구원도 없습니다.

이처럼 필수적인 예배를 중심으로 본다면 선교는 예배자와 예배 공동체를 세상에 확장하는 사역입니다. 교육은 예배자를 키우는 일입니다. 교제는 예배자를 세워서 교회가 건실한 예배 공동체가 되게 하는 일입니다. 봉사는 삶이 계속되는 예배가 되게 하는 일입니다(롬 12:1-2). 예배는 제자의 소명 제1이며 기초이고 삶의 다른 소명을 발견하여 추구하게 하는 통로입니다.

주일 예배의 의미와 중요성

예배는 특히 우리 주님께서 부활하신 안식 후 첫 날(마 28:1; 눅 24:1; 요 20:1; 행 20:7; 고전 16:2)인 주일에 모이는 성회(聖會)로서의 예배는 빠지지 않겠다는 결단으로 지켜야 할 이 시대 그리스도인의 기본적 의무입니다. 주일 예배의 핵심 개념은 그리스도의 몸의 지체로서의 '내가 하나님께 나아간다'는 헌신의 정성(精誠)입니다. 몸이 아플 때와 같이 어쩔 수 없는 사정이 있기 전에는 집에 편하게 앉아 드라마를 시청하듯이 홀로 설교를 듣는 것이 주일 예배를 대체할 수는 없습니다. 그것은 마치 '하나님, 당신이 내게로 오시오' 하는 숨겨진 교만의 행태와 같습니다. 주일 예배는 하나님을 나 있는 곳으로 불러들이는 것이 아니라 내가 하나님께로 나아가는 시간과 공간입니다. 신앙을 저버리는 배교의 모습은 예배에 나아가기를 멈추는 모습으로 드러났습니다. 그래서 히브리서 기자는 강력하게 권합니다.

모이기를 폐하는 어떤 사람들의 습관과 같이 하지 말고 오직 권하여 그 날이 가까움을 볼수록 더욱 그리하자(히 10:25).

구약의 안식일이 일곱째 날로 한 주의 끝이라면 신약의 주일은 안식 후 첫 날입니다. 그래서 주일 예배는 생활의 끝에 드리는 안식일 예배가 아니고 한 주의 삶을 시작하는 시점의 첫 예배입니다. 종종 우리는 '한 주간 죄 가운데 살다가 돌아와서 드리는 예배'로 말하는데 이것은 주일 예배의 의미와 중요성에 대한 혼동입니다. 주일 예배는 삶을 시작하면서 먼저 하나님께 나아와 경배하고 자신을 산 제물로 드리는 헌신, 그리고 그분의 명령인 말씀을 먼저 듣고 필요한 능력을 입어 소금과 빛이 되어 파송을 받는 시간입니다. 우리는 먼저 예배를 드리고 살기 시작합니다.

고귀한 시간 낭비에 대해

말라기 시대의 실패는 주님의 이름을 멸시하고 흠있는 짐승을 제물로 드리는 '예배의 마음이 없는 예배' 때문에 왔습니다. 그래서 예수님께서는 예배의 진정성을 강조하셨습니다.

아버지께 참으로 예배하는 자들은 신령과 진정으로 예배할 때가 오나니 곧 이때라. 아버지께서는 이렇게 자기에게 예배하는 자들을 찾으시느니라. 하나님은 영이시니 예배하는 자가 신령과 진정으로 예배할지니라(요 4:23-24, 개역).[1]

예배는 보는 것이 아니라 드림을 행하는 것입니다. 그렇기 때문에 예배를 스포츠 경기 관람이나 영화 감상 하듯이 보려 하면 안 됩니다. 예배는 하나님을 사랑하는 신령과 진정의 '드림'의 행위입니다. 예배를 보려 하면 설교자 비평이나 예배 형식의 평가, 좋고 싫음(好不好)의 주관적 기분이 주도합니다. 그러나 진정 예배를 드리려 하면, 누가 설교를 하던 하나님의 말씀이 들리고 찬양 중에 거하시는(시 22:3) 하나님의 임재를 경험하며 성령의 감동 가운데 회복과 능력을 입게 됩니다. 예배를 보려 하지 말고 예배를 드리십시오.

얄팍한 죄인은 예배를 시간 활용 우선순위의 맨 뒤에 두어 다른 것들을 하고 나서 여유가 있다고 느낄 때 보너스로 종교적 평안을 찾겠다고 자투리 시간을 예배에 던져줍니다. 그래서는 안 됩니다. 예배는 우선순위 제1 관계의 대상인 하

---

[1] 그리스어 원문이 '엔 프뉴마티 카이 엔 알레쎄이아'(ἐν πνεύματι καὶ ἐν ἀληθείᾳ)라면 개역 개정에서처럼 분리된 개별적 의미의 '성령과 진리로' 번역할 수도 있겠지만 원문은 '프뉴마티와 알레쎄이아'를 하나로 묶은 '엔 프뉴마티 카이 알레쎄이아'(ἐν πνεύματι καὶ ἀληθείᾳ)이기 때문에, 한 개념으로 마음의 진정성과 성의를 가리키는 함의가 더 강합니다. 그런 의미에서 개역 성경의 '신령과 진정'이 더 맥락에 적절한 번역입니다.

나님 앞에 나아가는 필수적인 시간입니다.

예배를 별 쓸모없는 시간 낭비라고 생각하는 현대인들에게 리젠트 대학교의 영성신학 교수 마르바 던(Marve J. Dawn)은 역설적 표현으로 예배야말로 "고귀한 시간 낭비"(A Royal "Waste" of Time)라고 하면서 우리를 우주의 왕이신 하나님의 고귀한 광휘에 빠져들게 하며 하나님의 임재를 다른 사람과 함께 누릴 수 있는 기회를 준다고 했습니다. 예배에 성공하는 사람이 인생에 성공합니다. 하나님 사랑과 믿음 때문에 고귀한 시간 낭비를 할 줄 아는 사람이 인생에 성공합니다. 고귀한 시간 낭비로 인생에 꼭 성공하십시오.

> **정리하며 마음에 새기기**
>
> (1) 예배는 하나님을 하나님 되게 하는 일입니다. 하나님을 하나님 되게 할 때 사람은 참 사람이 됩니다. 예배에 성공하는 사람이 인생에 성공합니다.
> (2) 주일 예배는 한 주를 시작하면서 내가 하나님께 나아가는 시간입니다. 하나님을 자기 편한 시간과 공간으로 불러들이는 것은 주일 예배가 아닙니다. 우리는 먼저 예배를 드리고 삶을 시작합니다.

20. 봉사
평신도는 없습니다

교회 세우기의 사명
교회와 자신을 세우는 봉사
십일조는 사역입니다

교회 세우기의 사명

언제부터인가 교회와 관련된 세간의 모든 주장과 이론들이 '교회가 교인과 세상을 위해 무슨 일을 어떻게 잘 해 줘야 하는지'에 대한 '교회 기능론'으로 전락했습니다. 교회가 본질적으로 '미셔널'(missional)한 것은 맞습니다. 그렇다고 해서 그 '미셔널' 함이 서로 경쟁하는 시장 경제 속에서 소비자의 수요와 기호를 충족시키기 위한 효용성의 상품이 되는 것을 뜻하지는 않습니다. 교회를 수요 충족의 수단으로만 생각하는 소비자 의식은 신약성서 어디에도 없습니다.

교회는 하나님의 교회로서 그리스도의 몸입니다. 교회는 하나님의 것이며 그래서 주인이 하나님이십니다. 이는 근본적으로 교회는 죄인들의 욕구 충족을 위한 인간의 제도가 아니라는 말입니다.

교회(에클레시아)는 구성과 의미상 '사람'입니다. 신약성서에서 단 한 번도 건물을 가리키는데 사용된 적이 없습니다. 우리가 교회입니다. 그것은 지체인 내가 교회라는 뜻입니다. 나는 하나님의 교회이기 때문에 교회가 나를 위해 존재하는 것이 아니라 내가 교회를 위해 존재하는 것입니다. 그래서 신자는 교회를 세워야 할 의무를 갖습니다.

너희는 사도들과 선지자들의 터 위에 세우심을 입은 자라. 그리스도 예수께서 친히 모퉁잇돌이 되셨느니라. 그의 안에서 건물마다 서로 연결하여 주 안에서 성전이 되어 가고 너희도 성령 안에서 하나님이 거하실 처소가 되기 위하여 그리스도 예수 안에서 함께 지어져 가느니라(엡 2:20-22).

세상으로 보냄을 받는 것이 교회이지만 그 교회를 세우는 일이 없이는 보냄이 가능하지 않습니다. 그런 의미에서 세움이 곧 보냄의 시작입니다.

오직 사랑 안에서 참된 것을 하여 범사에 그에게까지 자랄지라. 그는 머리니 곧 그리스도라. 그에게서 온 몸이 각 마디를 통하여 도움을 받음으로 연결되고 결합되어 각 지체의 분량대로 역사하여 그 몸을 자라게 하며 사랑 안에서 스스로 세우느니라(엡 3:15-16).

케네디의 취임 연설문을 빌어 표현하자면 올바른 그리스도인은 '교회가 나를 위해 무엇을 해 달라고 하기 보다는 내가 교회를 위해 무엇을 할 수 있는지'를 추구해야 됩니다.

교회를 어머니로 섬기지 않으면 하나님을 아버지로 모실 수 없습니다(키프리언).

교회와 자신을 세우는 봉사

교회를 세우는 일이 선교입니다. 혹자들이 착각하고 있듯이 교회를 무너뜨리면서 세상으로만 나가는 것은 결코 선교가 아닙니다. 그래서 교회를 세우는 일을 하는 우리는 모두 사역자입니다. 현대 교회의 관점에서 평신도를 '성직 수임을 받지 않은 일반 신자'로 정의한다면 그런 개념은 적어도 신약성서에는 나타나지 않습니다. 평신도를 가리키는 영어 단어 lay(laity)는 원래 '백성'을 뜻하는 헬라어의 '라오스'(λαός)에서 비롯되었습니다.

> 너희는 택하신 족속이요 왕 같은 제사장들이요 거룩한 나라요 그의 소유가 된 백성이니 이는 너희를 어두운 데서 불러내어 그의 기이한 빛에 들어가게 하신 이의 아름다운 덕을 선포하게 하려 하심이라. 너희가 전에는 백성이 아니더니 이제는 하나님의 백성이요(벧전 2:9-10).

그리스도인은 어떤 차별이나 구별 없이 다 '하나님의 백성'으로서 사역자입니다.

그런데 이를 라틴어로 번역한 '라이쿠스'(laicus)가 교직의 위계에서 직책을 갖지 않은 일반 세례 교인을 가리키는 데 사용되기 시작하면서 신약성경에 없던 오늘날의 '평신도' 개념이 들어와 자리를 잡게 된 것입니다. 그래서 가톨릭에서는 성직자들을 구약에서 가져온 용어로 '사제'(priest)라 부르게 되었고 종교개혁자 루터가 원칙적으로 이와 같은 구분을 타파하면서 신약의 정신으로 돌아가 '만인사제설'을 주장했습니다. 우리는 모두 '왕 같은 제사장들'입니다. 그런 의미에서 '평신도'란 표현은 그 함의를 고려할 때 신학적으로 적절하지 않습니다. 평신도라는 것은 없습니다.

그리스도인은 모두 교회를 세우는 사역자입니다. 제자들이 서로 높은 자리를 원하여 다툴 때 예수님은 그들이 서로를 '섬기는 자'가 되어야 한다고 가르치셨고 자신도 섬기기 위해 오셨다고 선언하셨습니다(막 10:43, 45). '섬기는 자'를 뜻하는 그리스어 '디아코노스'(διάκονος)가 집사를 가리키는 영어 deacon이 되었고 이것이 라틴어로 '미니스터'(minister)인데 영어에서 목사를 가리키는 말이 되었습니다. 집사나 목사는 모두 어원이 같습니다. 그리고 이 말이 바로 '사역자'의 원래 뜻입니다.

우리 모두 예수님께서 선언하신바 '섬기는 자'의 뜻인 '사역자'입니다. '봉사'는 이 '섬김'의 한자어입니다.

그가 어떤 사람은 사도로, 어떤 사람은 선지자로, 어떤 사람은 복음 전하는 자로, 어떤 사람은 목사와 교사로 삼으셨으니 이는 성도를 온전하게 하여 봉사의 일을 하게하며 그리스도의 몸을 세우려 하심이라(엡 4:11-12).

여기에 예외는 없습니다. 모든 그리스도인은 교회를 세우기 위해 자기에게 주어진 은사와 능력에 따라 예외 없이 봉사해야만 되는 사역자입니다. 교회에 일하지 않아도 되는 평신도는 없습니다. 봉사해야 그리스도인이고 그리스도인은 봉사함으로써 교회를 세우고 교회의 지체인 자신을 세우게 되어 있습니다.

십일조는 사역입니다

'마땅히 드려야 할 것'이라 명령을 받은 십일조가 무엇인가요(신 14:22)?

첫째, 십일조는 먹는 것입니다.

네 하나님 여호와 앞 곧 여호와께서 그의 이름을 두시려고 택하신 곳에서 네 곡식과 포도주와 기름의 십일조를 먹으며 또 네 소와 양의 처음 난 것을 먹고 네 하나님 여호와 경외하기를 항상 배울 것이니라(신 14:23).

하나님 앞에서 신나게 먹으면서 함께 즐거워하라고 했습니다. 무슨 뜻입니까? 십일조는 성전의 예배와 축제, 사랑의 교제, 교육("여호와 경외하기를 항상 배울 것")입니다.

둘째, 십일조는 자기 분깃이 없는 레위인을 위한 것입니다. 십일조 사용의 가장 핵심적인 부분입니다. 레위인은 성전에서 일해야 하기 때문에 땅을 받지 못했습니다. 자기 기업이 없습니다. 땅에서 자기 일만 하다 보면 성전 일을 돌보지 않을 가능성이 높기 때문이었습니다. 그래서 백성들의 십일조로 그들의 생활을 지원하도록 했습니다(민 18:21-24). 십일조는 땅의 직업을 갖지 않고 성전 일에 전력하는 전임 사역자를 위한 생활 지원입니다.

셋째, 삼년에 한 번씩 추가로 십일조를 드려 소외되고 가난한 사람들을 지원하는데 사용했습니다(신 14:28-29). 십일조는 어려운 사람들을 돕는데 쓰였습니다. 십일조는 선교와 구제입니다.

어떤 사람들은 십일조가 구약 시대의 것이라고 합니다. 그렇습니다. 구약의 명령입니다. 그러나 동시에 신약의 의무이기도 합니다. 예수님께서 십일조에 대해 폐하지 말라고 하셨습니다.

화 있을진저, 외식하는 서기관들과 바리새인들이여 너희가 박하와 회향과 근채의 십일조는 드리되 율법의 더 중한 바 정의와 긍휼과 믿음은 버렸도다. 그러나 이것도 행하고 저것도 버리지 말아야 할지니라(마 23:23).

왜 십일조를 언급을 하면서 굳이 의(정의)와 인(긍휼)과 신(믿음)를 논하시고 또한 왜 둘 다 해야 된다고 말씀하셨을까요? 앞에서 살펴본 바와 같이 사실은 십일조 정신이 바로 정의와 긍휼과 믿음이기 때문입니다. 십일조가 하나님을 위하여, 공동체를 위하여, 어려운 사람을 위하여 쓰이기 때문입니다. 십일조는 의와 사랑과 믿음입니다. 십일조를 하나님께 드리면 그 십일조가 믿음의 공동체를 위해, 하나님의 일꾼들을 위해, 하나님께서 긍휼히 여기시는 잃어버린 영혼과 가난한 사람들을 위해 쓰이기 때문입니다. 십일조는 드려서 복 받기 위한 기복적 투자가 아니라 교회를 세워 교회가 사명을 감당하게 해 주는 성도의 영광스러운 사역입니다.

십일조로 대표되는바 하나님께 드리는 헌금은 예배와 교

제와 교육을 가능하게 해 주는 사역이며 전임사역자들이 일할 수 있게 해 주는 섬김이며 선교와 전도와 구제입니다.

헌금은 '드림'입니다. 사도 바울이 마게도니아 사람들의 연보에 대해 이렇게 말합니다.

> 그들이 먼저 자신을 주께 드리고 또 하나님 뜻을 따라 우리에게 주었도다(고후 8:5).

주는 것입니다. 그런데 돈이 아니라 근본적으로 자신을 주는 것입니다. 하나님께 자신을 주는 것이니 '드림'입니다. 여기에 우리가 '헌신'(獻身)이라는 말을 씁니다. 그리고 자신을 다른 사람들에게 주는 것입니다. 그렇게 헌금은 나 자신을 하나님께 드리고 사람들에게 내어주는 헌신입니다.

헌금은 '나눔'입니다.

> 이제 너희의 넉넉한 것으로 그들의 부족한 것을 보충함은 후에 그들의 넉넉한 것으로 너희의 부족한 것을 보충하여 균등하게 하려 함이라. 기록된 것 같이 많이 거둔 자도 남지 아니하였고 적게 거둔 자도 모자라지 아니하였느니라(고후 8:14-15).

여기 인용된 구약의 말씀은 만나에 대한 것입니다(출 16:18). 더 주워 모아 챙기려고 정량보다 더 가져올 경우 다음 날 일어나 보면 먹을 수 없게 됩니다. 더 챙겨도 자기 것이 되지 못하는 것입니다. 내가 오늘 먹을 만큼 주워오고 혹시 남

앉으면 오늘 다른 사람과 나누어야 되는 것입니다. 아니면 썩어서 못 먹게 됩니다. 그래서 '오늘 우리에게 일용할 양식을 주시옵고'라 기도하는 것이며 이것이 그리스도인의 삶의 정신입니다. 이렇게 헌금은 교회를 세우는 사역입니다.

> ### 정리하며 마음에 새기기
>
> (1) 교회를 욕구 충족의 수단으로만 생각하는 소비자 의식은 신약성서 어디에도 없습니다. 교회는 하나님의 교회로서 그리스도의 몸입니다. 교회는 하나님의 것이며 그래서 주인이 하나님이십니다.
>
> (2) 평신도라는 개념은 신약성서에 없습니다. 그리스도인은 모두 예외 없이 사역자입니다. 교회를 세우는 봉사는 자신을 세우는 일입니다.
>
> (3) 십일조와 헌금은 기복적 목적으로 하는 투자가 아니라 하나님 나라와 교회를 세우는 중요한 사역입니다. 십일조는 예배와 교육과 선교와 구제의 필수적 사역입니다.

21. 사회

권력과 그리스도인, 복종과 불복종의 경우

통치 권력의 정의(定義)
리더십 권력의 기원
통치 권력에의 복종과 불복종
그리스도인의 양심과 사랑

로마서 13:1-7은 '교회와 국가의 관계', '그리스도인의 사회적 의무', '세속 권력과 그리스도인' 등의 이슈를 다루기 위해 많이 인용되면서 동시에 오용과 남용도 적지 않았던 말씀입니다. 우선 이렇게 시작합니다.

각 사람은 위에 있는 권세들에게 복종하라. 권세는 하나님으로부터 나지 않음이 없나니 모든 권세는 다 하나님께서 정하신 바라(롬 13:1).

통치 권력의 정의(定義)

여기서 '권세'로 번역된 단어 '엑수시아'(ἐξουσία)는 통치에 필요한 리더십의 권력을 뜻합니다. '위에 있는 권세'는 경우에 따라 개인의 '엑수시아'(권리)에 의무를 요구하거나 제어할 수 있는 위치에 있는 고위 권력입니다. 모든 사회는 공동의 발전과 질서 유지를 위해 이렇게 '개인 권리 위에 있는 사회 권력'을 필요로 합니다. 형태는 다르지만 '위에 있는 권세'는 어떤 사회에든지 존재합니다. 이런 사회 권력을 조직하고 부여하는 방식은 시대와 사회에 따라 다릅니다. 로마 제국 시대에는 황제와 그의 통치 조직에 '위에 있는 권세'가 주어져 있었습니다. 현대와 같은 민주정에서는 국민이 선출한 대표와 기관에 합의된 권력으로 이 권력이 부여됩니다.

어떤 정체(政體)에서든 개인은 이 권력을 따르도록 되어 있습니다. 본문의 '복종'이라는 용어를 현대인들은 싫어하겠지만 사실 어떤 사회에서든 합의된 권력을 따르지 않을 경우 그 권력이 긍정적 리더십 구실을 할 수 없기 때문에 다소간의 '복종'을 전제하고 있습니다. '개인 권리 위에 놓인 권력'은 그 정의(定義) 자체가 전체를 위해 개인 권리를 일정 부분 포기 내지 양도함으로써 가능해지는 권력입니다. '위에 있는 권세'와 '개인의 권리' 사이에는 정의(定義)상 통치와 복종의 관계가 존재할 수밖에 없습니다.

리더십 권력의 기원

그리스도인의 사회 철학이 일반인과 다른 부분은 이 '통치 권력'의 기원에 대한 이해입니다. 민주주의에 익숙한 현대인은 일반적으로 이 통치 권력의 기원을 인간에게서 찾습니다. 사회적 합의(合意, consensus)에 의해 개인 권리를 양도하여 그것이 모여 '위에 있는 권세'가 되었다는 것이 일반적 인식입니다. 입법 과정과 선거 절차 등은 그런 합의 권력 부여의 통로입니다. 그러나 우리는 그 '엑수시아'가 개인의 것이든 통치자의 것이든 형태와 절차의 차이는 있지만 다 하나님께서 주신 선물이라는 점을 잘 알고 있습니다.

하나님은 모든 것을 만드신 주권자이십니다. 그로 말미암지 않은 것은 하나도 없습니다. 인간의 능력과 권세도 모두 하나님께로부터 말미암은 것입니다. 아주 작아 아무 값어치 없이 여겨지는 참새가 땅에 떨어지는 것조차도 하나님 허락

없이는 이뤄지지 않습니다(마 10:29).

여호와여 위대하심과 권능과 영광과 승리와 위엄이 다 주께 속하였사오니 천지에 있는 것이 다 주의 것이로소이다 여호와여 주권도 주께 속하였사오니 주는 높으사 만물의 머리이심이니이다(대상 29:11).

그 권세는 현재 정황에서 마음에 들지 않거나 그래서 따르고 싶지 않은 경우에도 하나님께서 허락하신 것입니다. 우상숭배자인 느부갓네살이 주전 6세기 유다가 속했던 중동 지역의 패권을 잡았던 것도 하나님의 뜻이었습니다. 그래서 유다도 정해진 기간 동안 그를 섬겨야 했습니다. 하나님은 그 이방 왕을 "내 종"이라고 명하기까지 하셨습니다(렘 27:5-7). 내가 싫어도 하나님께서 그들 위에 세우신 권세가 되었을 때 따르고 섬겨야 했던 것이 유다의 갈 길이며 살 길이었습니다(렘 27:8, 17). 우리 시각으로 볼 때 이방 왕을 섬기지 말라고 하는 선지자가 정의롭고 옳은 것 같았지만 오히려 그들이 거짓선지자였습니다(렘 27:9-10).

예수님을 처형한 빌라도의 권력도 그 시점에 하나님이 그에게 허락하신 것이었습니다. 빌라도는 자신에게 부여된 권력이 원래 자기 것인 줄 알았습니다.

내가 너를 놓을 권한도 있고 십자가에 못 박을 권한도 있는 줄 알지 못하느냐(요 19:10).

그러나 그의 판결에 생존이 달려있는 피의자 예수님의 말은 천추의 무게로 그를 압박했습니다.

위에서 주지 아니하셨더라면 나를 해할 권한이 없었으리니 그러므로 나를 네게 넘겨 준 자의 죄는 더 크다(요 19:11).

이 점을 염두에 두어야 하는 것은 통치 권력을 따라야 하는 백성들만이 아닙니다. 그 권력을 부여받은 통치자가 이 점을 바로 깨달아 선하게 통치하지 않으면 불순종에 대한 심판의 철퇴는 그 통치자에게로 향합니다.

통치 권력에의 복종과 불복종

하나님이 세우신 권세를 인정하여 따르는 것이 기본적으로 옳습니다. 바벨론 시절에 그랬듯이, 혹 우리 사회의 권력이 하나님에 의해 허락되었으면 못마땅해도 그 권력 아래 유지되는 사회질서의 선한 길을 따르는 것이 원칙적으로 옳은 것입니다. 물론 여기서 권력을 따르라는 것이 그 권력을 하나님처럼 섬겨 맹종하라는 뜻은 결코 아닙니다. 그 통치 권력을 통해 유지되는 선(善)을 행하라는 말입니다. 본문 2절에서 말하는 '권세를 거스르는 자'는 주어진 통치 권력 아래 규정된 악행 억제의 법을 거슬러 사회악을 행하는 사람입니다.

그런 의미에서 여기서 위에 있는 권세를 거스르지 말라는 말은 모든 권력에 무조건 복종하라는 것이 아니고 악을 행하지 말라는 뜻입니다.

한때 권력자가 무조건적 복종을 강요하면서 이 구절을 인용했던 경우가 있었으나 그런 이들에게는 아래와 같이 되물어야 할 것입니다.

하나님께 권세를 부여받은 당신이 지금 '하나님의 명'(롬 13:2)을 따라서 그렇게 행하고 있는가?

그가 하나님의 명을 행하는 것이 맞으면 우리는 따라야 합니다. 그러나 그가 하나님의 명을 위배하여 하나님에 대항하는 지시를 할 때는 경우가 달라집니다. 모든 권세가 하나님께로부터 왔다고 믿는 것은 하나님께서 그 권세 위에 있다는 너무 당연한 사실을 전제합니다. 그런데 하나님께로부터 그러한 권세를 부여받은 자가 부여받은 권세로 그 권세를 주신 하나님을 반역하는 길을 우리에게 강요할 때는 어떻게 해야 될까요?

이 말씀을 기록한 사도 바울에게 이 질문을 가정해 봅니다. 만약 이 권력자가 하나님께 부여받은 권세로 하나님을 대적할 것을 우리에게 요구한다면 그 권력을 따라야 할까요? 일언지하에 아니라고 대답했을 것임이 이 말씀에 입각해 볼 때 명약관화합니다. 바울은 세상 권력이 강요한다고 해서 하나님을 거역하는 일을 할 리가 없었습니다. 그렇다면 그가 순교하지 않았을 것입니다. 그렇다면 그가 그렇게 자주 옥에 갇히지도 않았을 것입니다. 그가 옥에 갇히고 매를 맞으면서 세상 권세에 불복종했던 것은 2절에서 언급된 바 "권세를 거스르는" 행위가 아니었습니다. 물론 3절이 말하는 "악한 일"도 아니었습니다.

통치 권력이 하나님을 대항하거나 하나님을 거스르는 일을 요구할 때는 죽음을 각오하고 따르지 말아야 합니다. 통치 권력이 하나님과 대립될 때는 하나님을 따라야만 한다는 것이 이 본문에 전제로 깔려 있습니다. 복음 선포를 억압하던 예루살렘 당국자들에게 베드로와 요한은 이렇게 되물었습니다.

하나님 앞에서 너희의 말을 듣는 것이 하나님의 말씀을 듣는 것보다 옳은가 판단하라(행 4:19).

사드락과 메삭과 아벳느고는 느부갓네살의 혜택을 입은 사람들이었으나 그의 금 신상 앞에 절하는 일에 대해서는 목숨을 걸고 거부했고 그러한 그들을 하나님께서 풀무 불 속에서 건져내셨습니다(단 3:1-27).

본문 2절의 '권세를 거스르는 일'은 사회에 문제를 일으키며 다른 사람들에게 피해를 주는 범법 행위, 즉 "악한 일"입니다. 악한 일을 하지 말라는 것입니다. 반면에 선한 일을 행해야 됩니다. 권세에 복종하라는 것은 사회 안에서 선을 행하라는 말입니다(13:3). 권세에 거스르지 말라는 것은 악을 행하지 말라는 말입니다. 이는 근본적으로 우리가 세상의 소금과 빛이라는 예수님의 선언과 다를 바 없습니다.

이같이 너희 빛이 사람 앞에 비치게 하여 그들로 너희 착한 행실을 보고 하늘에 계신 너희 아버지께 영광을 돌리게 하라(마 5:16).

이런 차원에서 하나님의 선을 장려하고 옳지 않은 악행을 억제하는 도구로 사용되는 것이 통치 권력이고 그런 일을 바로 행할 때 그 권력은 '하나님의 사역자'(롬 13:4) 구실을 하는 것입니다. 그 권력과 통치의 선한 강제력을 존중하는 것이 사회인으로서의 그리스도인의 의무입니다.

그리스도인의 양심과 사랑

통치 권력의 선한 리더십에 순복하려는 우리 마음의 동기는 처벌의 고통을 피하려는 공포심에 있지 않습니다. 그래서는 안 됩니다. 앞의 4절에서 범법하여 사회에서 악을 행했을 때 그에 부응하는 심판의 처벌이 있을 것임을 경고했고 그러한 처벌의 뒤에 심판하시는 하나님의 징악(懲惡)의 의지가 놓여있음을 암시했습니다.

그러나 그리스도인의 행위 동기는 두려움보다는 사랑이어야 합니다.

그러므로 복종하지 않을 수 없으니 진노 때문에 할 것이 아니라 양심을 따라 할 것이니라(롬 13:5).

여기서 말하는 '양심'(συνείδησις)은 바울이 비교적 자주 사용하는 단어로서(롬 2:15; 9:1; 고전 8:7, 10, 12; 10:25, 27, 28, 29 등) 사람 안에 형성된 '선의식'(善意識)을 가리킵니다. 물론 여기서 말하는 양심은 일반 심리 현상으로서의 문화적 양심이 아니라 그리스도인의 양심입니다. 그리스도인의 양심은 하나님의 말씀과 그리스도의 가르침을 통해 형성되며 그 안에 거하시는 성령의 인도를 받는 내적인 선의식(善意識)입니다(롬 8:9, 14). 이 양심이 우리로 하여금 기꺼이 통치 권력의 선행 요구를 따르게끔 종용합니다. 이 양심을 따르는 것이 하나님께 순종하는 길입니다.

> **정리하며 마음에 새기기**
>
> (1) 권력은 그 기원의 차원에서 모두 하나님이 허락하신 것입니다. 그 어떤 권력도 인간 자신에게서 비롯되지 않습니다.
> (2) 모든 권세가 하나님께로부터 왔다고 믿는 것은 하나님께서 그 권세 위에 있다는 너무 당연한 사실을 전제합니다. 권력자는 하나님 아래 있습니다.
> (3) 성령의 인도하심을 받은 양심과 이웃 사랑의 원칙에 따라 사회 권력에 복종할 수도 있고 불복종할 수도 있습니다.

22. 윤리

하나님 사랑과 이웃 사랑의 변증법

'에이돌로쒸톤'에 대한 답안
옳고 그름의 기준, 사랑
하나님 사랑과 이웃 사랑

백가쟁명(百家爭鳴)의 주장이 웅성대는 이 시대를 분별력을 갖고 살아가는 것이 쉽지 않습니다. 유대인의 전승에서는 '토라', 즉 '모세 오경'에만 총 613개의 '미츠바'(계명)가 있는 것으로 추산되었습니다(Midrash Shemot Rabbah 33:7, Bamidbar Rabbah 13:15-16, 탈무드의 Yevamot 47b 등 참고). 이 복잡다단한 시시비비(是是非非)를 일일이 적용하기가 쉽지 않았기에 삶의 윤리적 판단 기준이 될 수 있는 굵직한 원칙 같은 것 하나를 알고 싶어 하는 갈망이 항상 있었습니다. 그 많다는 계명 중에 어느 것이 가장 큰지를 예수님께 시험적으로 물어왔던 율법사의 질문은 이런 관심과 고민을 대표합니다(마 22:35-36).

'에이돌로쒸톤'에 대한 답안

그리스-로마 세계에서 이교도로 살다가 그리스도를 통해 하나님 백성이 된 고린도 교회의 교인들 사이에 '에이돌로쒸톤'(εἰδωλόθυτον, 우상에게 드려졌던 고기)을 먹는 것이 옳은지 그른지를 놓고 갈등이 많았습니다. 사도 바울이 이 이슈를 놓고 상당히 긴 설명을 해야 되었습니다(고전 8:1-11:1).

이교도 신전에서 제사를 드린 사람들은 주변 사람들을 초대하여 제물로 드렸던 고기를 나누면서 만찬을 가졌습니다. 이것은 종교 의식의 한 부분이기도 하지만 일상적인 친교 회식이기도 했습니다. 이에 대해 우상이 아무것도 아니기 때문에 우상에게 드려졌던 제물 또한 아무런 의미가 없으니 자유롭게 먹어도 상관없다고 생각하는 고린도 교인들이 있었습니다. 그들의 '신학 지식'은 틀린 것이 아니었습니다. 바울이 그들에게 가르친 내용이기도 했습니다.

> 우리가 우상은 세상에 아무 것도 아니며 또한 하나님은 한 분밖에 없는 줄 아노라. 비록 하늘에나 땅에나 신이라 불리는 자가 있어 많은 신과 많은 주가 있으나 그러나 우리에게는 한 하나님 곧 아버지가 계시니 만물이 그에게서 났고 … (고전 8:4b-6a).

멋진 신학 선언이며 확실한 믿음을 드러내 보입니다. 그러나 바울은 이 지식에 따라 자유롭게 '에이돌로쒸톤'을 먹는 일은 죄가 될 수 있으니 그러지 말라고 권합니다. 그의 기독교 윤리의 논리입니다.

1) 지식은 좋은 것입니다. 그러나 '사랑'이라는 원칙을 따르지 않으면 오히려 해가 됩니다(1절). 내가 신학적 지식을 갖고 있는 것 보다 더 중요한 것은 하나님께서 나를 인정하여 알아주시는 것입니다.

> 누구든지 하나님을 사랑하면 그 사람은 하나님도 알아주시느니라(3절).

'하나님 사랑'이 올바른 행위의 기준입니다.

2) 우상은 아무것도 아니며 그래서 '에이돌로쒸톤'도 아무 것도 아닙니다. 올바른 신학 지식입니다(4-6절). 그러나 이런 지식을 완전히 내면화하지 못해 '에이돌로쒸톤'을 먹을 때 마음의 거리낌을 갖는 교인들이 있습니다. 그들은 우상을 버리고 하나님을 택한 회심자들입니다. 그래서 우상 앞에 가면 이전에 섬기던 신에게 돌아간 것 같은 느낌을 제어하지 못하며 우상에게 드려졌던 '에이돌로쒸톤'에 대해서도 실제로 옛 신을 통과해 나온 것으로 의식하는 경향이 있습니다. 스스로 자유롭다고 믿고 있는 사람들의 표현을 빌자면 아직 양심이 약한 자들입니다(7절).

3) 이들이 이렇게 '에이돌로쒸톤'을 먹으면 안 된다는 의식을 품고 있으면서도 외부의 압력이나 식탐 때문에 그것을 먹는다면 그들의 행위는 결국 하나님께 불순종하는 것이 되고 맙니다.

의심하고 먹는 자는 정죄되었나니 이는 믿음을 따라 하지 아니하였기 때문이라. 믿음을 따라 하지 아니하는 것은 다 죄니라(롬 14:23).

먹는 것 자체는 아무 것도 아닐 수 있습니다. 하지만 소위 지식을 지녀 자유롭다는 당신들이 신전에 앉아 우상에게 드려졌던 제물을 아무렇지도 않게 먹는 것을 볼 때 양심 약한 형제들도 덩달아 같이 먹으면서 마음으로 죄를 짓게 될 것입니다. 결과적으로 당신의 신학적 지식이 약한 형제를 멸망으로 몰아넣는 결과를 가져오게 된 것입니다(11절). 이렇게 형제로 하여금 죄를 짓게 만든 당신은 그리스도께 죄를 짓는 것입니다(12절. 참고. 마 18:6; 막 9:42; 눅 17:2). 즉 나의 지식과 자유가 형제에게 해를 끼친다면 그것은 내가 하나님께 죄를 짓는 것입니다.

옳고 그름의 기준, 사랑

여기서 중요한 기독교 윤리의 원칙이 제시됩니다. 사랑입니다. 사랑하면 옳은 것이고 사랑에 어긋나면 죄입니다. 바울은 여기서 '에이돌로쒸톤'의 문제에 있어 형제를 실족하지 않게 하는 일을 '하나님 사랑'으로 간주했습니다(3절). 그래서 바울 자신은 흔들리지 않는 신학적 지식을 소유하고 있으며 그래서 혹 '에이돌로쒸톤'을 먹는다 하더라도 아무런 거리낌이 없지만 형제를 위해 그 자유를 기꺼이 포기합니다(고전 8:13). 이어서 고린도전서 9장 전체를 통해 자신이 그리스도의 복음을 위하여 자신에게 주어진 권리를 자유롭게 사용하지 않고 포기하는 희생적 사랑의 예들을 열거한 뒤 10장에서는 하나님께 불순종한 이스라엘의 과거 역사를 되짚어 회고합니다.

이렇게 9장에서는 이웃 사랑의 예들을, 10장에서는 하나님 사랑을 배신하는 불순종의 예들을 다룬 뒤 '에이돌로쒸톤' 문제의 결론을 내립니다.

그런즉 너희가 먹든지 마시든지 무엇을 하든지 다 하나님의 영광을 위하여 하라. 유대인에게나 헬라인에게나 하나님의 교회에나 거치는 자가 되지 말고 나와 같이 모든 일에 모든 사람을 기쁘게 하여 자신의 유익을 구하지 아니하고 많은 사람의 유익을 구하여 그들로 구원을 받게 하라(고전 10:31-33).

이웃을 사랑하는 것이 하나님의 영광을 위하여 사는 것입니다. 즉 형제를 사랑하는 것이 곧 하나님을 사랑하는 것이며 하나님을 사랑한다면 당연히 형제를 위하는 사랑에서 벗어나지 않을 것이라는 가정입니다. 요한은 같은 논지를 이렇게 정리했습니다.

누구든지 하나님을 사랑하노라 하고 그 형제를 미워하면 이는 거짓말하는 자니 보는 바 그 형제를 사랑하지 아니하는 자는 보지 못하는바 하나님을 사랑할 수 없느니라. 우리가 이 계명을 주께 받았나니 하나님을 사랑하는 자는 또한 그 형제를 사랑할지니라(요일 4:20-21).

하나님 사랑과 이웃 사랑

물론 이것은 요한이 언급했듯이(요일 4:21) 예수님의 가르침에서 비롯되었습니다. '이웃 사랑'이 율법 전체를 요약한다는 것은 당시의 일반적 인식이었던 것으로 보입니다. 예수님 당대의 큰 랍비였던 힐렐은 한 발로 서 있는 동안에 모든 율법을 가르쳐주면 개종을 하겠다는 이방인에게 레위기 19:18b("네 이웃 사랑하기를 네 자신과 같이 사랑하라")의 소극적 해석으로 답을 줬습니다.

너에게 있어 싫은 일을 네 이웃에게 하지 말라. 이것이 토라의 전부이며 나머지는 이에 대한 주석일 뿐이다. 가서 공부하라(Babylonians Talmud, Shabbat 31a).

바울도 같은 내용을 언급합니다.

사랑은 이웃에게 악을 행하지 아니하나니 그러므로 사랑은 율법의 완성이니라(롬 13:11).

예수님 가르침의 특별함은 이 이웃 사랑을 하나님 사랑과 하나로 결합한데 있습니다. 율법사가 가장 큰 계명이 무엇인지 물어왔을 때 우선 예수님은, 유대인들이 아침과 저녁마다 암송하는 '쉐마'(신 6:4-5)를 인용했습니다.

네 마음을 다하고 목숨을 다하고 뜻을 다하여 주 너의 하나님을 사랑하라 하셨으니 이것이 크고 첫째 되는 계명이요(마 22:37-38).

이 점은 유대인이라면 모두 공감하는 당연한 정답이었습니다. 그러나 예수님께서는 여기에 그치지 않고 율법의 요약으로 인식되는 레위기 19:18을 의도적으로 덧붙이셨습니다.

둘째도 그와 같으니 네 이웃을 네 자신 같이 사랑하라 하셨으니 이 두 계명이 온 율법과 선지자의 강령이니라(마 22:39-40).

이 말씀은 하나님 사랑과 이웃 사랑은 언제나 함께 가는데, 전자가 없으면 후자가 의미 없고 후자가 없으면 전자가 진정이 아니라는 암시입니다. 그렇기 때문에 이 두 계명에 모든 율법과 선지자, 즉 성경 전체가 매달려 있다고 말씀하신 것입니다(마 22:40, 직역하면, "이 두 계명 안에 전체 율법과 선지자들이 매달려 있다").

우리는 여기서 그리스도인 윤리의 분별 기준을 읽습니다. 기독교 윤리의 원칙은 사랑인데 그것은 하나님 사랑과 이웃 사랑입니다. 하나님을 사랑하는 것이 옳은 것입니다. 하나님 사랑에 위배되는 것은 죄이며 악입니다. 그런데 하나님을 사랑하면 이웃을 사랑하게 되어 있습니다. 그래서 이웃을 사랑하는 것이라면 옳은 일입니다. 이웃을 사랑하지 않는 것이라면 죄이며 악입니다.

그리고 하나님을 사랑하는 것이 이웃을 사랑하는 것이기 때문에 어떤 일이 하나님을 사랑한다고 하지만 이웃 사랑에 위배되면 그것은 옳은 일이 아닙니다. 고린도전서에서 소위 하나님에 대한 신학적 지식을 지니고 있었지만 약한 형제를 전혀 고려하지 않았던 사람들이 범죄자가 되는 이유입니다. 또한 이웃을 사랑한다고 하는 일이 하나님 사랑을 배신할 때 그 또한 옳지 못한 죄가 됩니다. 동성애의 합리화가 그렇습니다. 동성애의 긍정은 동성애적 성향을 가진 사람을 이웃으로 사랑하는 것 같지만 성경에서 하나님께서 분명하게 가증하게 여기는 일을 인정함으로써 하나님 사랑을 거부하기 때문에 옳지 않은 것입니다.

하나님 사랑과 이웃 사랑이 동시에 충족될 때 윤리적으로 옳은 일입니다. 그러나 둘 중 한 가지가 위배되면 사실은 하나님 사랑과 이웃 사랑의 원칙, 둘 다를 배신하는 것으로 죄와 악이 됩니다. 여기 기독교 윤리의 시금석이 있습니다. 어떤 사안이든지 하나님 사랑과 이웃 사랑을 같이 만족시킬 때 그것이 옳은 일입니다.

정리하며 마음에 새기기

(1) 형제를 사랑하는 것이 곧 하나님을 사랑하는 것이며 하나님을 사랑한다면 당연히 형제를 위하는 사랑에서 벗어나지 않습니다.

(2) 어떤 일이든지 하나님 사랑과 이웃 사랑을 같이 충족시킬 때 그것이 옳은 일입니다. 이것이 그리스도인 윤리의 분별 기준입니다.

23. 종말
종말론자가 현실주의자인 이유

'확고부동한 현실, 개인적 종말
개인 종말과 역사 종말의 일치?!
종말, 그리고 시간 초월
신자의 죽음, 자는 것과 주님과 함께 있는 것

예수님은 그분을 따르는 '영적인' 일을 관념이 아니라 망대 건축 시의 토목 예산이나 전시의 전력 분석 차원에서 설명하시는 현실 지혜자이셨습니다(눅 14:25-33). 그런데 이런 현실주의자(realist) 예수님은 또한 분명히 종말론자였습니다. '하나님 나라'는 항상 인간 역사 너머의 종말을 염두에 두고 있습니다(마 25:1-46). 자신을 재판하는 대제사장 앞에서 계속 침묵하던 예수님이 유일하게 입을 열어 밝힌 것은 종말의 승리였습니다(막 14:62). 그래서 신약성서 전체는 종말론적입니다.

하나님의 날이 임하기를 바라보고 간절히 사모하라 … 우리는 그의 약속대로 의가 있는 곳인 새 하늘과 새 땅을 바라보도다(벧후 3:12-13; 참고. 롬 8:22-24; 빌 3:20; 계 21:1).

확고부동한 현실, 개인적 종말

흔히 사람들은 종말에 대해 언급하면 현실 감각이 없는 이상주의자로 치부하는 경향이 있습니다. '종말'(終末)은 성경의 '에스카톤'(ἔσχατον) 단어에서 비롯되어 '계속된 일이나 현상의 맨 끝'이라는 뜻을 갖고 있습니다. 여기서 '종말론'(eschatology) 신학 용어가 나왔습니다. 이 '종말'(끝)은 결코 이상주의나 몽상이 아닙니다. 세상에는 불확실하고 잘 알 수 없는 일이 참 많습니다. 그러나 이 불확실성의 세계 속에서 가장 확실한 현실이 하나 있는데 그것이 바로 종말입니다. 인간은 개인적 종말을 맞지 않을 수 없습니다. 히브리서 기자는 이 당연한 인간 현실을 깨우쳐 줍니다. 개인의 종말은 가장 확실한 '현실'(reality)입니다.

> 한번 죽는 것은 사람에게 정해진 것이요 그 후에는 심판이 있으리니 (히 9:27).

우리는 일반적으로 현실의 이해 득실을 잘 따지는 현실주의자들입니다. 그런데 우리가 현실주의자(realist)로 산다면, 인생의 계획을 세우는 경우 반드시 개인적 종말, 즉 육신의 죽음을 필수적 변수로 취급해야 합니다. 예수님 비유 속의 어리석은 부자는 자신의 종말의 현실을 잊고 여기서의 현실만 챙기다가 갑자기 종말을 맞습니다. 그는 자신에게 말합니다.

> 영혼아 여러 해 쓸 물건을 많이 쌓아두었으니 평안히 쉬고 먹고 마시고 즐거워하자 하리라 (눅 12:19).

그가 만족해하는 순간, 생명의 주권자이신 하나님께서 그의 계획이 얼마나 허망한 것인지를 단박에 깨우쳐 주십니다.

> 어리석은 자여 오늘 밤에 네 영혼을 도로 찾으리니 그러면 네 준비한 것이 누구의 것이 되겠느냐?(눅 12:20).

그는 가는 길의 종착역, 즉 '끝'(종말)이 무엇인지를 염두에 두지 않고 현재의 생존에만 골몰했기 때문에 '어리석은 자'로 정의되었습니다. 가장 현실주의자였던 것 같은 그의 삶의 인식은 지극히 비현실적이었습니다. 가는 길의 종착지가 어디인지를 알고 현재를 사는 사람이 진정한 현실주의자입니다.

개인 종말과 역사 종말의 일치?!

개인의 종말인 '죽음'은 실존적 차원에서 반드시 역사의 종말인 '말세'(末世)와 연계되어 있습니다. '말세'는 아직 역사가 경험한 적이 없는 사건이기 때문에 검증이 반복되는 '개인 종말'인 죽음과 달리 전적으로 믿음에 속한 영역입니다. 그러나 앞에서 언급한 바와 같이 성경은 이 '역사적 종말'에 대해 확고합니다. 모든 일에 시작이 있으면 끝도 있습니다. 그처럼 역사도 시작이 있었으면 끝이 있을 것입니다. 창조주 하나님은 역사의 시작과 끝의 주권자로 정의됩니다.

나는 알파와 오메가요 처음과 마지막이요 시작과 마침이라 (계 22:13).

예수님의 재림과 함께 반드시 현재 역사의 종말이 있을 것을 예고하고 있으며 원래 '구원의 복음'은 그 역사 종말의 심판으로부터의 구출을 뜻합니다.

또 죽은 자들 가운데서 다시 살리신 그의 아들이 하늘로부터 강림하실 것을 너희가 어떻게 기다리는지를 말하니 이는 장래의 노하심에서 우리를 건지시는 예수시니라(살전 1:10).

역사의 종말 때 심판주 하나님의 죄와 악에 대한 심판이 있는데 예수 그리스도의 대속을 통한 죄 사함을 받은 사람들이 심판의 대상이 되지 않음이 바로 '구원'의 뜻입니다. 그래서 역사 종말은 우리 모두에게 반드시 개인 종말의 경험입니다. 역사적 종말을 믿지 않는 사람이나 믿는 사람이나 그 역사 종말은 개인적 종말로 맞아야만 되는 것이 '실재'입니다. 성경은 그 역사 종말을 개인 종말과 동일하게 보고 있습니다.

예수님 다시 오실 때에 이 땅에 살아있다 그분을 맞을 사람들은 그때가 그대로 개인적 종말이 될 것입니다. 예수님 오시기 전에 죽어 (성경의 표현을 빌자면) '자고 있던 자들'은 이미 개인 종말을 맞았지만 자다가 깨어나는 것처럼 천년이든 이천년이든 그 시간을 순식간에 뛰어 건너 역사의 종말 속에 들어가게 됩니다.

주께서 강림하실 때까지 우리 살아남아 있는 자도 자는 자보다 결코 앞서지 못하리라. 주께서 호령과 천사장의 소리와 하나님의 나팔 소리로 친히 하늘로부터 강림하시리니 그리스도 안에서 죽은 자들이 먼저 일어나고 그 후에 우리 살아남은 자들도 그들과 함께 구름 속으로 끌어 올려 공중에서 주를 영접하게 하시리니 그리하여 우리가 항상 주와 함께 있으리라 (살전 4:15-17).

종말, 그리고 시간 초월

우리의 인식에 혼동을 주는 점은 개인 종말과 역사 종말 사이의 시간적 거리감입니다. 구원을 받은 우리는 죽는 순간 바로 하나님 나라에 들어가는 것일까요? 아니면 땅에 묻혀 썩어 먼지가 되어 사라져 있다가 역사의 종말 시점에 깨어나 하나님 나라에 들어가는 것일까요?

예수님 재림 때에 죽은 자가 다시 살아나 주님을 맞게 될 것을 역설한 사도 바울이 정작 자신의 죽음을 언급할 때는 '잠' 대신 '천국에의 즉각적 진입'을 말합니다.

내가 그 둘 사이에 끼었으니 차라리 세상을 떠나서 그리스도와 함께 있는 것이 훨씬 더 좋은 일이라 그렇게 하고 싶으나(빌 1:23).

우리가 담대하여 원하는 바는 차라리 몸을 떠나 주와 함께 있는 그것이라(고후 5:8).

예수님께서 십자가에 달리실 때 옆에 달린 강도도 같은 약속을 들었습니다.

내가 진실로 네게 이르노니 오늘 네가 나와 함께 낙원에 있으리라(눅 23:43).

즉 바울을 비롯한 신자들은 죽음과 동시에 주님께 가서 주님과 함께 거한다고 믿고 있습니다. 그렇다면 주 안에서 죽은 자들을 '잔다'고 하며 예수의 재림 때까지 땅 속에 있는 것으로 언급하는 본문(고전 15:51-53; 살전 5:14-17)이 이런 생각과 아귀가 맞지 않는 것 같이 들립니다. 어떻게 생각해야 할까요? 시간과 공간을 넘어서는 초역사적 세계가 갖는 신비의 영역으로 이해해야 될 것입니다.

영혼으로서의 인간은 죽어서 물리적(物理的) 한계에 갇힌 이 세계를 떠날 때 시간과 공간의 제한에서도 벗어난다고 보아야 합니다. 공상과학 영화 〈매트릭스〉(1999년)에서 전지전

능한 프로그래머는 '매트릭스'의 시간과 공간 밖에 존재하며 사건과 인물을 매트릭스 안의 어느 시간 어느 공간에든 자유롭게 들락날락하게 만들 수 있습니다. 세계 밖에 존재하시지만 세계 안에 들어오시는 하나님의 본질을 짐작해 이해할 수 있게 도와주는 스토리입니다. 하나님과 하나님 나라는 시간과 공간으로 엮인 역사라는 매트릭스를 초월합니다.

그래서 성경에서 자주 말하는 영원(永遠) 개념을 '지루하게 계속되는 장구한 시간'으로 이해해서는 안 되며 인간의 인식과 존재 한계인 시공(時空)을 초월한 상태를 가리키는 것으로 보는 것이 옳습니다. 그곳에서는 우리 식 개념의 시간 길이가 의미 없습니다. 이에 대한 베드로후서의 이해입니다.

주께는 하루가 천 년 같고 천 년이 하루 같다는 이 한 가지를 잊지 말라(벧후 3:8).

그렇다면 바울을 비롯하여 예수의 재림 전에 죽은 자들의 사망 시점과 재림의 종말 시점 사이의 2천년 넘는 시간은 시공을 초월하는 영원 속에서는 아무런 문제가 되지 않는, 우리 인간의 한계적 사고 개념일 뿐입니다.

▎신자의 죽음, 자는 것과 주님과 함께 있는 것

그렇다면 신자들은 죽는 순간에 바로 예수 재림의 시점으로 건너뛰는 것입니다. 죽는 순간에 시간을 넘어서기 때문입니다. 그러니까 신자들은 죽는 순간에 바로 재림 때의 부활을 경험하여 다시 오시는 주님과 함께 영원 속에서 같이 살게 된다는 말입니다. '낙원'은 바로 그렇게 주님의 강림과 더불어 이루어지는 동거의 현장이며 실재입니다. 따라서 죽은 자들이 낙원에서 주님과 함께 있는 것(고후 5:8; 빌 1:28)과 죽은 자들이 변화된 형상으로 부활하여(고전 15:51-53) 주님을 맞아 영원히 동거한다는 것(살전 4:16-17)은 같은 사건을 가리키는 두 다른 방식의 표현입니다.

이와 같이 죽음을 통과하는 개인적 종말과 재림의 종말을 살아서 맞이하는 역사적 종말 사이에는 아무런 차이가 없습니다. 단지 시간의 차이가 있을 뿐이나 물리적 육신을 벗어나는 순간에 시간의 의미는 사라지니 그 또한 사실상 존재하지 않습니다. 그래서 사도 바울의 신비한 고백이 있게 됩니다.

우리 살아 남아 있는 자도 자는 자보다 결코 앞서지 못하리라(살전 4:15).

예수님께서 마르다에게 하신 말씀도 이런 논리 안에서 더 분명하게 이해됩니다.

예수께서 이르시되 나는 부활이요 생명이니 나를 믿는 자는 죽어도 살겠고 무릇 살아서 나를 믿는 자는 영원히 죽지 아니하리니 이것을 네가 믿느냐(요 11:25-26).

그렇습니다. 예수님의 재림과 역사 넘어 하나님 나라의 완성을 믿는 우리 그리스도인들에게 역사적 종말은 개인적 종말과 일치합니다. 개인적 종말인 죽음이 누구도 부인할 수 없는 확고한 사실이기 때문에 반드시 그것을 염두에 두고 인생의 계획을 세워야 하듯이, 진정한 현실론자라면 그 개인적 종말과 함께 진입하는 역사적 종말의 계시를 진지하게 성찰해야 할 것입니다. 종말은 가장 확실한 현실입니다. 종말론이 현실주의입니다. 지금만 생각하여 보이는 것만 붙잡고 사는 것이야 말로 그 엄연한 종말 앞에 서야 하는 순간 허구이고 망상이며 착각입니다.

만물의 마지막이 가까이 왔으니 그러므로 너희는 정신을 차리고 근신하여 기도하라(벧전 4:7).

정리하며 마음에 새기기

(1) 가는 길의 종착지가 어디인지를 알고 현재를 사는 사람이 진정한 현실주의자입니다. 개인과 역사에 종말이 있다는 것을 염두에 두지 않으면 현실 감각이 없는 것입니다.
(2) 역사의 종말은 개인의 종말과 하나로 수렴됩니다. 성경의 구원은 역사와 개인의 종말 심판에서 건짐을 받는 종말론적 소망입니다.

24. 인생의 목적

인생은 창조와 구원과 사랑입니다

산다는 것이 무엇인가?
사람 만드시고 처음 건넨 말씀
복부터 주시다
창조 명령 – 잘 살아라!
그리스도 안에서의 새 창조
창조를 배신하지 않는 전도
하나님은 사랑, 인생도 사랑

산다는 것이 무엇인가?

왜 사나요? 무엇을 위해 사나요? 인생의 지극히 기본적 질문인데 이에 대해 속 시원한 답을 주는 철학자나 사상가를 찾지 못했습니다. 인간이 미생물에서 진화되었다고 믿는 진화론자나, 인간 생명이 그냥 물질 현상에 지나지 않는다고 믿는 유물론자들에게는 아마 '죽지 못해 사는', 즉 '살아 있으니 살 뿐'이라는 한탄이 아마 논리적으로 정직한 토로(吐露)일 것입니다. 인터넷에서 '인생의 목적'에 대한 유려하게 좋은 글을 읽었는데 그 결론이, 궁금한 사람에게는 너무 허망했습니다.

이와 같이 인생의 목적이 무엇인지는 정의하기 힘든 것이다.

그러나 이 결론이야말로 정직한 것임을 깨달았습니다. 사람은 스스로 존재의 목적을 정의할 수 없는 '피조물'(被造物)이기 때문입니다.

사람 만드시고 처음 건넨 말씀

음식, 옷, 집, 자동차, 기계 등의 세상 모든 피조물은 그것을 만든 사람이 존재의 목적을 정의합니다. 기능이 고차원적이라도 마찬가지입니다. 인간의 정보 처리 능력과 기억 용

량을 턱없이 넘어서는 '인공 지능'의 존재 목적도 역시 그것을 만든 사람이 정의합니다. 인공 지능이 여러 부분에서 인간보다 뛰어나다고 해서 스스로 자신의 존재 목적을 정의하지는 못합니다. 스스로 자신의 존재 목적을 정의한다는 것 자체가 모순입니다. 피조물이기 때문입니다.

인간은 아주 복잡한 영혼과 물질의 결합체로서 아직까지는 그 어떤 인공지능도 흉내 내지 못할 지정의(知情意)를 구사하는 인격체이지만 결코 '스스로 있는 자'가 아니고 하나님께서 만드신 피조물입니다. 인간은 만들어진 존재입니다. 그렇다면 피조물 인간이 자신의 존재 목적을 스스로 정의하려는 것 자체가 가능하지 않은 일이고 모순이며 더 나아가 창조주에 대한 반역입니다. 인간이 아무리 특별나게 똑똑하다 해도 자신의 존재 목적을 자신이 정하려 하는 것은 가당치 않은 교만입니다. 인생의 목적은 인간을 만드신 하나님께서 정의하십니다.

하나님께서 사람을 당신의 형상대로 만드시고 주신 명령이 있습니다. 역사적으로, 그리고 성경 안에서 하나님께서 사람 창조 후 처음으로 입을 열어 말을 건네며 주신 첫 말씀입니다. 세상 한가운데 위치한 사람이 무엇인지를 정의하시는 말씀입니다.

> 하나님이 그들에게 복을 주시며 하나님이 그들에게 이르시되 생육하고 번성하여 땅에 충만하라, 땅을 정복하라, 바다의 물고기와 하늘의 새와 땅에 움직이는 모든 생물을 다스리라 하시니라(창 1:28).

이것이 인간의 실존이며 존재 목적입니다. 그 존재 목적에 부합하는 삶을 지시하신 것입니다. 복 받아라. 생육하라. 번성하라. 충만하라. 정복하라. 다스리라.

복부터 주시다

이것은 우선 '행복 명령'입니다. 하나님께서 명령하시면서 먼저 '복'을 주셨기 때문입니다. 하나님을 복으로 대체하는 '기복주의'는 잘못된 신앙이지만 인간 존재의 시작이 하나님의 '복 주심'이라는 것은 엄연한 진리입니다. '하나님의 복'이 성경적 기독교의 시작이며 근간임에는 틀림없습니다(창 1:28; 9:1; 12:1-3; 시 1:1; 마 5:3-12). 성경의 복 개념이 간단하지 않고 세속 문화의 복 이해와는 꽤 다르지만 그 복을 누릴 때의 주관적 상태가 '행복'이라는 점에는 큰 이의가 없을 듯싶습니다.

사람은 하나님의 복을 받을 때에 사람입니다. 하나님의 인간 창조는 '행복한 인간'의 창조입니다. 인간은 '행복'을 하나님의 선물로 받았습니다. 이것이 인생의 시작입니다. 그러니 '인간의 행복'은 하나님의 뜻입니다. 하나님께서 의도하신 인생은 행복해야 됩니다. 행복하지 않으면 본인뿐 아니라 우리의 행복을 기획하신 하나님께서 슬퍼하십니다. 그래서 그리스도인에게 있어, 행복은 권리이기 이전에 의무입니다. 살아있다면 행복해야만 됩니다. 이유가 무엇이든지 간에 행복하지 않으면 불순종입니다.

창조 명령 – 잘 살아라!

행복을 전제로 해서 인간은 생육, 번성, 충만, 정복, 다스림의 명령을 받습니다. 이것이 피조물 인간의 존재 목적이며 이것이 인간의 삶입니다. 하나님께서 만드신 생명의 생명력이 온전하게 발산되는 삶을 살라는 명령입니다. 인생은 줄어들고 쪼그라들고 도피하는 것이 아닙니다. 인간의 삶은 생육과 번성을 통해 자기를 재생산하며, 하나님께서 허락하신 지경을 넓혀 생명의 충만을 향하는 것이 그 존재의 목적입니다.

그리고 자신의 삶의 환경과 재료로 주어진 피조 세계를 정복하는 주체적 통치와 관리의 사명이 바로 최고 피조물인 인간에게 주어졌습니다. "다스리라!" 세상을 다스리는 것은 하나님이십니다. 하나님 나라는 하나님께서 왕이 되어 다스리시는 하나님의 통치입니다. 그런데 그 다스림의 대리자로 명령을 받은 것이 하나님의 형상대로 만들어진 인간입니다.

그래서 생육, 번성, 충만, 정복, 다스림의 명령은 바로 이 계속되는 창조의 명령입니다. 인간만이 창조주 하나님의 형상으로 창조되었습니다. 그래서 인간이 사는 곳에서는 하나님의 계속적 창조가 발생해 문명과 문화가 생겨납니다. 그래서 이 명령을 '문화 명령'(cultural mandate)이라 부르기도 합니다. 아무리 영리한 짐승이라도, 때로는 그것이 인간과 비슷한 모습과 행태를 지녔다 하더라도 문화나 문명은 없습니다. 본능적 행태(行態)는 있어도 형성, 축적되어 발전하는 문화는 없습니다. 문명과 문화는 오직 하나님의 형상을 지닌 인간만의 현상입니다.

하나님의 형상을 닮은 인간은 창조합니다. 그래서 생활을 위한 각종 기기 및 의식주와 연관된 생산 양식이 끊임없이 발전합니다. 학문과 예술이 나오고 철학과 문학이 있습니다. 지식과 가치가 생성됩니다. 하나님께서는 이 세상을 창조하시면서 매 단계마다 좋아하셨다.

보시기에 좋았더라(창 1:4, 10, 12, 18, 21, 25).

이제 하나님 창조 대리자로서 인간이 문명과 문화 창조, 즉 삶의 창조를 계속해 갈 때도 하나님께서는 "참 보기 좋다"고 말씀하실 것입니다. 우리들의 행복한 창조의 삶은 하나님께 기쁨이며 영광입니다. 인간의 존재 목적은 하나님 뜻대로 잘 살아서 하나님께 기쁨을 드리는 것입니다. 인생의 목적은 풍성한 삶입니다.

그리스도 안에서의 새 창조

이 '행복한 창조' 명령은 죄로 망가진 이 세상에서도 여전히 유효합니다. 그리스도 안에서 이루어진 구속(救贖, redemption)은 구속(拘束, bondage)을 위한 것이 아닙니다. 구속(救贖)은 값을 치러 해방시키는 것을 뜻합니다. 구속은 창조를 회복시키기 위한 것입니다. 인간의 범죄로 말미암아 하나님께서 좋다고 선언하신 피조 세계에 다시 창조 이전의 '혼돈과 흑암'(창 1:2)이 침입해 들어왔습니다. 하나님과 인간의 관계(창 3:8-10), 인간과 인간의 관계(창 3:12, 16; 4:8-9), 인간과 자연의 관계(창 3:17-19)가 다 망가져버렸습니다. 생명을 만드셨는데 그것이 죄로 인해 죽음이 되었습니다(창 2:17).

예수 그리스도께서 오셔서 하신 일은 이 망가진 창조를 새로운 창조를 통해 돌이키는 것이었습니다.

누구든지 그리스도 안에 있으면 새로운 피조물이라(고후 5:17a).

이 말씀은 '새 창조'를 뜻합니다. 우리 성경의 '새로운 피조물'로 번역된 '카이네 크티시스'(καινὴ κτίσις)의 직역은 '새 창조'입니다. 이 문장은 동사가 없어 감격의 정서를 간결한 탄성으로 표현하는 일종의 감탄문입니다. 그래서 직역하면 "그러므로 누구든지 그리스도 안에 있으면, 새 창조!"가 됩니다. 이것은 이사야 61:17-19에서 기대되었던 하나님의 새로운 창조의 역사가 그리스도를 통해 이루어졌음을 선언하는 것입니다. 이 새 창조를 바로 다시 풀어 설명합니다.

옛 것은 지나가 버렸습니다. 보십시오. 새 것이 왔습니다(고후 5:17b, 필자 역).

그러니까 예수 그리스도 안에서 이루어진 죄 사함과 영생의 구원은 '창조의 회복'으로서의 '새 창조'라는 우주적 사건입니다. 바울이 이방인 그리스도인의 할례와 율법 문제로 치열한 논쟁을 벌이며 '이신칭의'를 주장하는 것이 주요 목적인 갈라디아서를 마무리하면서 내린 결론도 '새 창조'였습니다.

할례나 무할례가 아무 것도 아니로되 오직 새로 지으심을 받는 것만이 중요하니라(갈 6:15).

'새로 지으심을 받는 것'으로 번역된 부분은 고린도후서 5:17에 나오는 말과 똑같이 '카이네 크티시스'(καινὴ κτίσις)입니다. 지금 갈라디아 교회에서 할례의 이슈로 격렬한 싸움을 하고 있지만 사실 그것은 아무것도 아니고 정말 중요한 핵심이 예수 그리스도 안에서 이루어진 '새 창조'라는 선언입니다. 그래서 하나님의 구원은 천지창조(天地創造)의 회복인 '새 하늘'과 '새 땅'의 소망으로 표현됩니다(사 65:17; 66:22; 벧후 3:13; 계 21:1). 죄로 인해 신음하는 모든 피조물이 이것이 완결될 날을 사모하며 기다리고 있습니다(롬 8:19-23).

창조를 배신하지 않는 전도

예수 그리스도께서 피 흘려 돌아가신 것은 우리로 하여금 죄의 지배에서 벗어나 영원한 생명을 누리되, 본래 창조가 의도했던 대로 생육과 번성과 충만과 승리와 다스림 안에서 진정 창조적으로 행복하게 잘 살게 하기 위함입니다.

내가 온 것은 양으로 생명을 얻게 하고 더 풍성히 얻게 하려는 것이라(요 10:10).

하나님께서 창조하신 아름다운 삶의 회복입니다. 이 새 창조의 '좋은 소식'(복음)을 온 세상에 전해야 하는 것은 너무 당연한 그리스도인의 사명입니다. 여기에 '대위임령'(Great Commission)의 이유가 있습니다.

그러므로 너희는 가서 모든 민족을 제자로 삼아 아버지와 아들과 성령의 이름으로 세례를 베풀고 내가 너희에게 분부한 모든 것을 가르쳐 지키게 하라(마 28:19-20).

그래서 성경적 그리스도인 인생론은 역사와 인생의 사명을 좁은 의미의 '전도'로만 축소시키는 '전도 지상주의'를 경계합니다. 그리스도인에게 있어 좁은 의미의 전도는 필수적 사명입니다. 그렇지만 인간은 서로를 전도하기 위해 태어나 서로를 전도하기 위해 사는 것이 아닙니다. 하나님께서 인간을 서로 전도하다가 죽게 하시려고 만드신 것이 아닙니다. 온 세상이 서로를 전도하다가 끝나는 것이 아닙니다.

전도는 망가진 창조를 회복하는 '새 창조'의 사역입니다. 전도하고 전도 받아 풍성한 영생을 소유한 그리스도인은 항상 기뻐하고 쉬지 않고 기도하며 범사에 감사하는 생산적 창조의 행복을 누려야 합니다. 그것이 그리스도 예수 안에서 우리를 향하신 하나님의 뜻이라고 했습니다.

항상 기뻐하라. 쉬지 말고 기도하라. 범사에 감사하라 이것이 그리스도 예수 안에서 너희를 향하신 하나님의 뜻이니라(살전 5:16-18).

하나님께서 의도하셨고 그래서 그리스도 안에서 회복시킨 인생은 본래 창조와 행복입니다. 하나님께서는 창조적 행복의 삶을 사는 당신의 사람들을 보고 즐거워하고 기뻐하십니다. '잘' 살아야 합니다. 이 시대 사명자로서 청빈을 소명으로 생각할 수는 있지만 가난 자체가 하나님의 목적이 아닙니다. 하나님 나라의 도래를 위해 고난의 십자가를 기꺼이 짊어지고 가야 하지만 고통 자체는 문제이고 악에서 오는 것이며 그 본래의 목적이 아닙니다. 사람이 다 같이 행복하게 잘 사는 것이 하나님의 영광이며 기쁨입니다. 사람이 풍성한 생명을 누리게 하는 것이 하나님의 목적입니다. 이 목적은 처음부터 지금까지 변함없는 인생과 역사의 기본입니다.

하나님은 사랑, 인생도 사랑

그러나 또한 '천박한 기복주의'를 경계합니다. 나만 잘 먹고 잘 살면 된다는 생각은 아주 쉽게 우리 영혼의 속을 좀먹어 들어옵니다. 풍성한 생명의 신앙을 기복주의로 바꿔놓는 것은 창조 명령이 이기적 탐욕으로 변질될 때입니다. 그것이 선악과를 따먹게 했던 불순종의 교만과 이기심입니다. 즉 사랑이 배제된 기복주의, 번영 신학은 선악과를 탐하여 범죄하고 타락한 첫 사람 아담(히브리어로 '사람'의 뜻)의 모습입니다. 첫 사람 아담은 모두를 죽음으로 내몰았습니다(롬 5:12). 그래서 마지막 아담인 예수 그리스도께서 오셨습니다(롬 5:18-19; 고전 15:45). 예수 그리스도를 전하여 죄를 용서받아 거룩하게 되며 하나님의 자녀로서 영생을 누릴 수 있도록 복음을 전하는 것이 그리스도인의 사명이며 이 땅에서의 존재 목적입니다(마 28:18-20).

너희는 온 천하에 다니며 만민에게 복음을 전파하라(막 16:15).

너는 말씀을 전파하라. 때를 얻든지 못 얻든지 항상 힘쓰라 (딤후 4:2).

이 모든 것의 결론은 사랑입니다. 주님께서 정의하신 가장 큰 계명이 사랑입니다(마 22:35-40). 인생에서 가장 중요한 것이 사랑이라는 뜻입니다. 하나님은 사랑이십니다(요일 4:8, 16). 사랑이신 하나님의 인간의 창조는 사랑의 행위였습니다. 그래서 사랑이신 하나님의 형상을 지니고 창조된 사람 또한 사랑입니다. 사람의 삶의 목적은 사랑에 있습니다. 사람은 하나님의 사랑을 받기 위해 태어났으며 사람에게 가장 큰 계명은 창조주 아버지 되신 하나님을 사랑하는 것이며 그 하나님 사랑을 근간으로 하여 서로를 사랑하는 '사랑의 백성'이 되는 것입니다.

사랑이 없으면 인간 행위와 종교적 경건과 능력이 다 소용이 없다 했습니다(고전 13:1-3). 그래서 믿음 소망 사랑은 항상 있을 것인데 그 중에 제일은 사랑입니다. 사랑하면 창조합니다. 사랑하면 전도하여 새 창조를 이룹니다. 하나님은 사랑이며, 그래서 인생도 사랑이며 모든 것이 사랑입니다. 그래서 그리스도인의 인생은, '풍성한 참 살이'며 '세상을 구원하기 위한 전도의 선교'이고 '서로를 사랑하는 사랑'입니다.

왜 사나요? 인간으로서 창조하며 행복합니다. 그리스도인으로서 복음을 전하여 새 창조의 하나님 나라를 완성합니다. 하나님의 백성으로 하나님과 이웃을 자신처럼 사랑합니다. 창조의 풍성한 삶이 인생입니다. 세상을 구원하기 위해 복음을 전하는 것이 인생입니다. 하나님을 사랑하며 서로 사랑하는 것인 인생입니다. 인생은 창조와 구원과 사랑입니다.

> **정리하며 마음에 새기기**
>
> (1) 사람은 스스로 인생의 목적을 정의할 능력이 없습니다. 피조물이기 때문입니다. 모든 피조물의 존재 목적은 그것을 만든 존재가 정의합니다. 인생의 목적은 하나님이 정의하십니다.
>
> (2) 하나님께서 정의하신 인생의 목적은 창조와 구원과 사랑입니다. 창조적 행복의 삶, 세상을 구원하는 복음 전파, 하나님을 사랑하고 서로 사랑하는 것이 인생입니다.